André Pochon

Les sillons de la colère

La malbouffe n'est pas une fatalité

Préface de Jean-Marie Pelt

SYROS

Du même auteur

La Prairie temporaire à base de trèfle blanc, Éditions CEDAPA-ITEB, Plérin, 1996, 4e éd.

Du champ à la source : retrouver l'eau pure, Éditions Coop-Breizh, Spezet, 1988.

Les Champs du possible. Plaidoyer pour une agriculture durable, Éditions Syros, Paris, 1999, 2e éd.

Catalogage Électre-Bibliographie

Pochon, André ; préf. Jean-Marie Pelt.
Les sillons de la colère : la malbouffe n'est pas une fatalité.
Paris, Syros, 2001. – (Alternatives économiques).
ISBN 2-84146-955-7

RAMEAU :	écologie agricole : France.
	agriculture durable : France.
	politique agricole : France.
DEWEY :	338.1 : Économie de la production.
	Économie de la production agricole (produits agricoles).
Public concerné :	Tout public.

9 *bis*, rue Abel-Hovelacque, 75013 Paris.

Sommaire

Préface

par Jean-Marie Pelt,
président de l'Institut européen d'écologie,
professeur émérite de l'université de Metz.

On parlait jadis du bon sens paysan. On n'en parle plus guère aujourd'hui ! Mais on a tort, ce bon sens paysan n'est pas mort. Le livre d'André Pochon en donne une fulgurante démonstration. C'est avec le scalpel d'un observateur attentif et d'un praticien actif qu'il analyse les dérives du productivisme agricole et ses dramatiques conséquences sur l'environnement et la qualité des produits. Le tableau peut paraître apocalyptique, mais il fallait bien qu'un jour des voix s'élèvent, vigoureuses et avisées, pour remettre l'agriculture « les pieds dans ses souliers », comme on dit.

Je partage toutes les analyses développées dans ce livre, auquel j'adhère sans réserve, d'autant que la colère débouche sur l'espoir. L'espoir, c'est une agriculture durable fondée sur des propositions « réalistes, constructives et clairement expliquées à l'opinion ». D'où toute une série de propositions concrètes qui donnent à ce livre sa force et son impact. Tous les éléments du combat que mène André Pochon depuis des années y sont exposés dans une synthèse brillante où l'on retrouve l'agriculteur qui sait aussi être un remarquable pédagogue.

On sait André Pochon particulièrement à l'aise et convainquant devant un micro ou une caméra. On le trouve ici aussi clair, limpide et persuasif. Tandis qu'en Bretagne, la terre empoisonne l'eau et la mer, André Pochon relève le gant et c'est déjà l'agriculture de demain qui, grâce à lui et à ses pareils, se profile à l'horizon !

Ce livre est la meilleure synthèse que je connaisse de la crise qui affecte le monde agricole et qui débouchera, soyons-en certains, sur le renouveau de la terre et des hommes qui l'habitent.

Avant-propos

Qui sème le vent récolte la tempête

Quatre défis

Après des siècles d'indigence, nos pays dits « industrialisés » ont vaincu de nombreux fléaux qui assombrissaient la vie de nos ancêtres : les famines, les épidémies, la misère aussi qui étaient le lot des classes laborieuses. L'espérance de vie a doublé en un siècle et, pour les jeunes générations, « gagner son pain à la sueur de son front » ne signifie plus rien de concret. Il y avait bien là de quoi crier « cocorico » : tout cela, nous le devons aux progrès des sciences et des techniques, ainsi qu'à l'organisation politique et sociale de nos sociétés. Tout cela sera-t-il gâché ? Car voici que de nouvelles menaces sont apparues, de nouvelles craintes, de nouveaux défis à relever.

Le défi environnemental

Les premières alarmes ont sonné à la fin des années soixante-dix. La génération de 1968 se rappelle l'agronome René Dumont, candidat à la présidence de la République en 1974, brandissant son verre d'eau à la télévision : « Notre eau, source de vie, est menacée ». Vingt ans plus tard, effectivement, nous ne pouvons plus boire à la source, ni au robinet, malgré des traitements de plus en plus sophistiqués, et il nous faut acheter de l'eau en bouteille. Et les algues vertes, nourries par la pollution humaine, prolifèrent d'année en année dans nos baies marines, mettant élus, pêcheurs et hôteliers en émoi, et peut-être même la vie aquatique en danger – donc la vie des hommes.

Plus récemment, des chercheurs de l'Institut national de la recherche agronomique (INRA) ont décelé des pesticides et de l'ammoniac dans l'eau de pluie et dans l'air que nous respirons. Nos paysages aussi sont saccagés : arasement des haies, drainage des fonds de vallées..., où sont nos bocages et nos verts pâturages ? Tout cet environnement, nécessaire aussi à notre équilibre, a disparu pour faire place à de « mornes plaines », et les intempéries se font désormais plus catastrophiques.

À l'échelle de la planète, on découvre l'augmentation de l'effet de serre due à notre surconsommation d'énergie fossile : charbon, pétrole. On nous prédit le changement de climat, l'engloutissement de zones littorales fertiles et peuplées. On parle aussi du trou dans la couche d'ozone...

Le défi énergétique

Nous dépendons trop de l'énergie fossile. Depuis que nous avons découvert les stocks de charbon et de pétrole emmagasinés au fil des millénaires dans nos sous-sols, nous y avons puisé hardiment comme si ces stocks étaient inépuisables. Or, bien entendu, ils s'épuisent. Tout au plus six générations en auront profité pour assurer leur prospérité Car chacun sait qu'au rythme actuel nous en avons pour quelques dizaines d'années au maximum : les flambées sporadiques des cours du pétrole nous le rappellent. Après celui de l'environnement, il nous faut donc relever le défi de l'énergie. Cela passe par le vent, le solaire, les marées et la biomasse (puisque le nucléaire comporte trop de dangers unanimement reconnus). Mais cela passe aussi par des réorientations économiques, auxquelles l'agriculture peut contribuer.

Le défi de l'indépendance alimentaire

La suppression des farines animales dans l'alimentation des bovins, des porcs et des volailles nous révèle soudain que nous dépendons à 70 % du soja importé pour notre approvisionnement en protéines (les protéines et l'énergie sont la base de l'alimentation animale). La France importe déjà 4 millions de tonnes de soja (28,4 millions pour l'Europe) et le remplacement des farines interdites va nécessiter l'importation d'1 million de tonnes de soja en plus. C'est le retour de l'arme alimentaire de l'« oncle Sam » : il nous tient par le bout du nez. Un embargo sur le soja, comme à l'été 1973, et nos veaux, vaches, cochons, couvées seront en manque ! Reconquérir notre indépendance alimentaire en protéines, voilà donc un troisième défi.

Le défi de la sécurité alimentaire

Depuis peu, nous découvrons aussi que nos aliments peuvent nous empoisonner. C'est un choc ! On nous a tant vanté la sécurité de nos aliments : aseptisés, supercontrôlés...

Déjà, en 1980, nous avions découvert les dangers des veaux et des bœufs aux hormones. Les consommateurs avaient boycotté avec succès, et la législation y avait mis bon ordre. Mais la fraude persiste, semant le trouble.

Nous avons découvert plus tard que la majeure partie des viandes de porcs et de volailles que nous consommons provient d'élevages industriels où ces malheureuses bêtes vivent dans des conditions concentrationnaires ahurissantes, sans jamais connaître la lumière du jour, entassées sur leur propre fosse à déjections, respirant ainsi ammoniac et gaz pestiférants avant qu'ils soient évacués à l'extérieur par une ventilation permanente. De telles conditions de vie nécessitent bien sûr force antibiotiques et activateurs de croissance. À tel point que les médecins sonnent l'alarme : l'omniprésence de ces antibiotiques engendre l'apparition de nouveaux germes de maladies résistants aux antibiotiques existants ; et elle met en danger le bon équilibre microbien nécessaire à une bonne santé.

Plus récemment, nous avons découvert que tous les pesticides employés en agriculture et dans la fabrication de nos aliments s'accumulent le long de la chaîne alimentaire et se retrouvent dans notre organisme : dans le lait des femmes qui allaitent, par exemple, et, plus généralement, dans nos cellules adipeuses. Des médecins prédisent une augmentation considérable des cancers – déjà amorcée – mais aussi des dégénérescences, y compris une baisse de fertilité de la gent masculine[1].

Et puis, il y a cette dioxine invisible émanant de nos incinérateurs et de nos huiles de vidange, que des trafiquants ont introduite dans l'alimentation des poulets...

Enfin, comble de malheur, voilà la vache folle. Ce prion, qui n'est ni un virus, ni un microbe, mais qui cependant se propage, résiste à tout, passe la barrière des espèces. Ce serait une protéine folle qui s'attaque à la salle des commandes même – le cerveau – des animaux et des hommes. Terrifiant !

Voici encore ces organismes génétiquement modifiés (OGM) dont certains scientifiques annoncent que leurs conséquences seront pires que celles du prion. Nous

1. Theo COLBORNE, Diane DUMANOSKI, John PETERSON MYERS, *L'Homme en voie de disparition,* Terre vivante, Mens, 1997.

serions des apprentis sorciers lançant dans la nature une bombe à retardement que personne ne pourra maîtriser. Combien de temps encore l'opinion publique parviendra-t-elle à refuser ces OGM introduits dans nos aliments, à notre insu, par des intérêts mercantiles ?

Voilà donc quatre défis majeurs à relever pour notre temps : la préservation de notre environnement (au sens large) ; notre autonomie en énergie renouvelable ; notre autonomie en protéines ; l'arrêt de la « malbouffe ».

Un avenir agricole à reconstruire

Tout le monde est impliqué, bien entendu : l'industrie, les ménages, les administrations et entreprises publiques, etc., nous avons tous à économiser l'énergie, à limiter les pollutions, à modifier nos techniques et nos habitudes quotidiennes...

Reste que l'agriculture est un acteur majeur pour relever ces défis. Tout simplement parce qu'elle occupe les quatre cinquièmes de l'espace. De la façon dont est traité cet espace agricole dépend la qualité de l'eau, des paysages, de l'air et même de la mer. Tout simplement aussi parce que l'agriculture est à la base de notre alimentation, et que la qualité et la sécurité de celle-ci dépendent de la manière dont les plantes sont cultivées, de la manière dont sont nourris et élevés les animaux.

Choisir un système de production plus durable

La question est donc : est-il possible aujourd'hui de cultiver la terre, de produire des récoltes en abondance, tout en préservant le sol, l'eau, l'air et les paysages ? Est-il possible encore aujourd'hui d'élever des animaux dont on peut manger la viande et boire le lait en toute sécurité ? Est-il possible de retrouver en agriculture l'autonomie alimentaire dans un bilan énergétique qui redevienne positif ?

La réponse est « oui » !

Depuis les années cinquante et soixante, on sait comment accorder une agriculture productive à forte valeur ajoutée avec la préservation de l'environnement, et l'on sait que ce mariage entre économie et écologie produit de surcroît des aliments sains et de qualité.

Il faut pour cela revenir aux règles élémentaires de l'agronomie : l'équilibre entre le sol, les plantes et les animaux ; une bonne rotation des cultures ; l'utilisation de fumier et non de lisier. Il faut cultiver des plantes adaptées à tel sol et tel climat, il faut nourrir les herbivores avec de l'herbe...

Changer de politique

Toutes ces règles de bon sens, une génération de paysans a cru bon de s'en affranchir en recourant aux pesticides, aux engrais azotés, à la puissance mécanique et au soja de l'oncle Sam : une génération perdue qui nous a menés dans l'impasse où nous sommes, au nom d'un soi-disant progrès qui n'était qu'aveuglement. Une génération arrogante, trop sûre d'elle, tellement ancrée dans ses certitudes que toute curiosité d'esprit lui est étrangère. Une génération corporatiste qui, au moindre accident de son modèle, exige tout de la collectivité : « Les pouvoirs publics doivent nous aider ! » Et payer avec le sourire, sans mot dire ?

Or le coût du modèle productiviste est énorme. Plus de 70 milliards de francs par an d'aides publiques à la production agricole – sans parler de l'ensemble du budget public à l'agriculture qui atteint 170 milliards de francs pour l'agriculture française. La peste porcine, c'est 12 millions de porcs à l'équarrissage, payés par l'Union européenne. Le coût de la vache folle sera gigantesque. Sans parler de ce qui ne se chiffre pas en francs, la douleur des familles des victimes de la nouvelle forme de la maladie de Creutzfeldt-

Jacob, ou la dégradation irréversible de certains paysages. En attendant d'autres calamités. Oui, vraiment, c'est beaucoup d'argent pour soutenir à bout de bras un modèle qui de toute évidence a fait faillite.

Pourtant, les agro-managers sortis tout fringants de nos écoles d'agriculture dans les années soixante-dix continuent à parader dans les médias : « On nous a demandé de produire plus. Grâce à nous, l'Europe mange à sa faim, et maintenant vous nous reprochez notre réussite. » Mais voilà bien une forfanterie ! Non, messieurs les nouveaux venus, ce n'est pas votre génération qui a sorti la paysannerie de son sous-développement et l'Europe de la disette. Tout cela était acquis dès la fin des années soixante. Le développement agricole s'est fait entre 1955 et 1970. Pendant ces quinze années, nous avons doublé la valeur ajoutée de l'agriculture tout en allégeant considérablement notre travail. Du bon boulot dont nous sommes fiers ! Vous, vous vous êtes embarqués sur notre bateau qui voguait parfaitement sur le cours du progrès humain, et vous l'avez déstabilisé par votre démesure : surcharge d'ammonitrates, de soja, de mécanique, de pesticides, de pétrole importé... et finalement d'excédents agricoles bradés sur le marché mondial pour le malheur des populations du tiers monde. Vous avez profité des subventions européennes, c'est-à-dire de l'argent des contribuables, pour développer jusqu'à l'absurde un système qui aura rempli bien des poches, mais vidé nos campagnes et saccagé notre environnement.

Ainsi, la forte productivité du développement des années cinquante-soixante, vous l'avez fait basculer dans le productivisme : produire toujours plus en rejetant sur d'autres le coût des nuisances. Cela n'a pas profité aux petits paysans qui vous avaient élus pour les défendre : « On a vu passer beaucoup d'argent mais il nous en reste bien peu », regrettent-ils. En revanche, l'agro-business a bien prospéré – merci pour eux –, tirant beaucoup de profit des subventions publiques et laissant à l'État et aux collectivités locales le soin de réparer leurs dégâts sociaux et environnementaux. Quel gâchis !

Heureusement – on va le voir –, tout n'est pas perdu. Il suffit de se rafraîchir la mémoire pour retrouver les règles agronomiques fondamentales qui ont assuré le succès du développement des années soixante, avant qu'elles soient niées par la démesure des responsables agricoles des années soixante-dix – avec les conséquences que l'on sait. Alors, agriculteurs et consommateurs ensemble, nous pourrons tracer un sillon commun pour sortir de l'impasse actuelle.

I.

Du bon sens à la démesure

1.

L'exploit

Dynamique des groupes de paysans

Tout commence en 1947, par ce coup de génie de Bernard Poulain, un agriculteur de Seine-et-Oise (Yvelines) qui réunit dix-sept paysans pour former le premier Centre d'étude technique agricole (CETA). Ces dix-sept paysans se réunissaient une fois par mois pour analyser ensemble l'exploitation de l'un d'entre eux, mettre en commun leur réussite, leurs échecs, leurs expériences... À la fin de la réunion, il était décidé de la date, du lieu et du sujet de la prochaine. Un technicien animait le groupe, un paysan se chargeait d'établir un compte rendu précis de ce qui avait été observé et dit sur la ferme, en complétant par un rapport et par les discussions sur le sujet du jour. Puis ce compte rendu était envoyé à la fédération départementale et à la fédération nationale des CETA. Tous les CETA de tous les cantons de France pouvaient alors puiser dans ces comptes rendus...

La formule CETA fit rapidement « boule de neige ». En 1954, quand nous avons créé celui de Mur-de-Bretagne/ Corlay, il eut le numéro 960 ! La campagne française en léthargie se réveillait. Les grands noms de la recherche scientifique s'intéressaient à cette innovation paysanne et la conjonction des chercheurs et de ces pionniers enclencha cette « révolution dans les campagnes françaises » chère à l'agronome René Dumont qui en sera l'un des artisans.

Alors tout jeune exploitant, j'ai été embarqué dans cette aventure extraordinaire. J'y ai donné le meilleur de moi-même, mais j'en ai reçu bien plus en retour. Passionnant ! C'était la soif de découvrir, de progresser vers des résultats inespérés quelques années auparavant, c'était la convivialité d'une équipe, la notoriété aussi, le sentiment d'être utiles, d'être pionniers d'un développement qui changeait notre condition sociale, nos conditions de vie et qui apportait la prospérité à la région. En quelques années, la production a triplé avec très peu de dépenses supplémentaires. Le revenu a suivi, et l'argent qui rentrait nous permettait d'agencer nos vieilles demeures de terre battue, sombres et froides : chacun avait désormais sa chambre avec du parquet ; l'eau courante installée à demeure, les sanitaires, l'eau chaude aussi ; puis la machine à laver, l'aspirateur, etc. ; et la télévision ! Et si, au début, nous allions aux réunions de CETA à bicyclette, nous avons vite pu avoir notre voiture, souvent payée « cash » !

Cette réussite spectaculaire des exploitants impliqués dans les CETA fit rapidement « tache d'huile » et nos techniques furent adoptées par l'ensemble des paysans de la région. Dans les campagnes, on croit à ce que l'on voit, et la réussite d'un voisin, parti dans les mêmes conditions, ne laisse pas indifférent : « Quand on t'a vu, toi et les autres du CETA, avec vos belles prairies et vos vaches nuit et jour à la pâture, on s'est dit : Si eux font ça, c'est possible aussi pour nous. »

Ce sont donc bien les paysans eux-mêmes qui ont initié le progrès, qui se sont « assumés », comme on dit maintenant. Ce ne sont pas des recettes que nous aurions docilement appliquées, même si nous avons bénéficié des avancées de la recherche. Les données scientifiques étaient confrontées à la réalité de nos exploitations, puis nous adoptions ce qui nous paraissait de bon sens et rejetions ce qui nous semblait inadapté ou farfelu. D'ailleurs, parfois, nous avons inventé et proposé des solutions techniques originales et performantes, comme celle de la prairie à base de trèfle blanc, sans engrais azoté[1].

Et pourtant notre formation se limitait au certificat d'études ou à un diplôme de cours agricoles par correspondance, rarement plus. Mais des paysans qui mettent leurs expériences en commun au fil des mois, qui échangent, comparent leurs résultats dans la franchise et la bonne humeur, quelle dynamique de progrès ! Ainsi l'agriculture traditionnelle a changé de visage dans ces années cinquante ! Mais sans défigurer la terre pour autant.

Fabuleuses prairies

Nos petites exploitations de polyculture-élevage étaient, au lendemain de la guerre, très appauvries par dix années de pénuries d'engrais. Or il faut savoir qu'un sol pauvre en calcium, phosphore, potassium, magnésium, éléments majeurs de la composition minérale des plantes, produit peu. Les cultures y végètent mais les plantes caractéristiques de ces sols pauvres, comme la « vinette », prolifèrent. Cela se voit à l'œil nu.

De plus, les récoltes issues de ces sols carencés sont également carencées. Or le calcium, le phosphore, le potassium, le magnésium sont nécessaires aussi à notre squelette et à notre vitalité. Tout se tient et ne croyez surtout pas que l'agriculteur peut ignorer ces éléments de base qu'on appelle engrais de « fond ». (Et c'est d'ailleurs

1. Voir André POCHON, *La Prairie temporaire à base de trèfle blanc,* CEDAPA, Plérin, 1981 (4e éd., 1996).

aujourd'hui le problème principal des pays en voie de développement qui n'ont pas l'argent nécessaire à leur achat !)

Rivalisant d'initiatives, nous avons fait venir ces engrais de fond de Lorraine (les scories Thomas, résidus de la sidérurgie, apportaient calcium et phosphore) ou d'Alsace (la sylvinite apportait le potassium). L'État, soucieux d'augmenter la production agricole, subventionnait le transport. Et grâce à ces engrais de fond nous sommes passés de 15 à 30 quintaux de céréales à l'hectare.

Nos vaches armoricaines produisaient 1 500 litres de lait par an. Nous les avons remplacées par des races normandes puis frisonnes qui produisaient 4 000 litres par an. Quant à nos chevaux, nous les avons remplacés par des tracteurs de 20-25 CV, achetés en commun par deux ou trois exploitants. Des chevaux en moins à nourrir permettaient d'élever trois vaches de plus, dont le lait payait amplement l'essence nécessaire au fonctionnement du tracteur.

Nous avons aussi découvert le nécessaire équilibre alimentaire entre l'énergie, les protéines, les vitamines et les minéraux pour l'alimentation de nos animaux. Nous avons alors fait des progrès considérables dans l'élevage de nos jeunes bovins (nous leur avons permis de ruminer plus vite, en leur mettant à disposition non plus des « bessons[2] » mais du fourrage et des céréales concassées). Réussite spectaculaire, au grand dam de nos mères dont la science ancestrale était mise à mal. Oui, nous avons fait tout cela et c'était déjà beaucoup.

Mais le grand bouleversement tient dans cette formule quasiment magique : la « révolution fourragère ». Les agronomes René Dumont, André Chazal, Albert Robichoum,

2. Pâtées de farine détrempées.

André Voisin et autres qui débarquèrent dans nos exploitations bretonnes étaient formels : « La vache est un animal extraordinaire, elle a une barre de coupe à l'avant et un épandeur à l'arrière ; mettez-la au pré, elle fera le travail toute seule. Surtout qu'en Bretagne une prairie peut produire 10 000 unités fourragères, soit l'équivalent de 100 quintaux de blé à l'hectare : trois fois plus que ce que vous obtenez avec des céréales. » À ne pas en croire ses oreilles ! Quoi ? Nos vaches, qu'on s'échinait à nourrir avec des céréales, des choux, des rutabagas, des betteraves, avec – en abondance – du foin et du trèfle violet fauché chaque matin et distribué à l'auge, n'avaient pas besoin de tout cela ! Quoi ? Ces heures de labeur passées à semer, planter, sarcler, récolter, transporter, distribuer... peine perdue ! Et cette corvée de fumier chaque matin, ces semaines interminables passées à le transporter de l'étable au champ et à l'étaler, tout cela pouvait être très sensiblement diminué ? Incroyable, mais pourtant vrai !

Il a suffi de réserver une partie des terres à la prairie temporaire[3], aidés par la recherche agronomique qui précisait les recettes de la réussite (comment préparer les semis, choisir les variétés, doser les fertilisants, faire se rencontrer la vache et l'herbe au bon moment...). L'exploitation rationnelle des herbages était devenue notre credo, la prairie et l'élevage associés étaient les deux mamelles de cette agriculture performante mais équilibrée.

---

3. Temporaire parce que ce type de prairie n'est pas permanente comme un alpage : on sème l'herbe sélectionnée (du trèfle, du ray-grass, du dactyle, etc.), et tous les trois ou cinq ans on la remplace par une autre culture (orge, blé...) tandis qu'on utilise d'autres parcelles, qui avaient été cultivées en maïs ou en betterave, pour une nouvelle prairie temporaire, d'où une « rotation » des cultures sur les terres de l'exploitation.

Le développement durable avant l'heure

Pour ma part, j'ai converti les trois quarts de ma ferme en prairie, avec l'objectif de produire autant sur mes 9 hectares que mes voisins sur 25 hectares qui n'avaient pas adopté la révolution fourragère. Pari gagné : établi sur la plus petite exploitation de la commune, je suis devenu le plus gros producteur de lait. « Comment fais-tu ? » s'interrogeait la secrétaire de la coopérative. Tout simple : avec mes prairies je nourrissais trois vaches à l'hectare au lieu d'une seule auparavant, et chacune de ces vaches produisait 4 000 litres de lait par an au lieu de 1 500 ; au total, je produisais 12 000 litres de lait à l'hectare contre 1 500 litres auparavant.

Comme en outre la production laitière alimentait la production porcine, c'était doublement intéressant. En effet, à partir du lait, nous vendions le beurre ou la crème, et le petit lait complétait l'alimentation des porcs (comme disaient les Danois, « le porc est pendu au pis de la vache »). J'étais donc aussi le plus gros producteur de porcs de la commune : j'engraissais 80 porcs par an, quand mes parents, sur 25 hectares, en produisaient 12 !

Tous les membres du CETA suivirent alors cette démarche, et toute la région s'est couverte de vertes prairies et de porcheries danoises. Notre CETA fut le pôle de ce développement et devint célèbre en prouvant, chiffres à l'appui, la supériorité économique et technique des prairies à base de trèfle blanc sans engrais azotés : bénéfice net ! Cela nous valut la curiosité, l'étonnement et, finalement – quinze ans après –, la reconnaissance de l'INRA, qui a admis le bien-fondé de notre méthode.

Autre avantage de la prairie : elle améliore la fertilité du sol lui-même. Quand, trois ans après nos premiers semis d'herbe, nous retournions nos prairies pour y mettre des betteraves, la terre était devenue plus souple, plus facile à travailler ! La prairie avait fabriqué de la matière organique (les vers de terre grouillaient sous le versoir de la charrue) et celle-ci profitait à la betterave qui poussait ensuite au moindre coût – avec moins d'engrais –, et même l'orge qui suivait en profitait encore (60 quintaux d'orge de printemps à l'hectare et 60 tonnes de paille dès 1960 sur ma petite ferme, sans azote et sans pesticides) ! Pas mal, non ?

Sans le faire exprès, nous avions donc trouvé les fondements d'un développement durable : la prairie en était la base car c'est elle qui refait le stock d'humus, améliore la structure du sol, casse le cycle des mauvaises herbes et des maladies (ce qui permet d'utiliser peu d'herbicides, d'insecticides et autres pesticides) ; et, à partir de cette base, les cultures qui suivent poussent au moindre coût. D'où un double bénéfice, pour la production et pour l'environnement (mais cela, nous l'avons découvert plus tard). De plus, pendant cette période de développement extraordinaire, période passionnante, pas une exploitation n'a disparu dans notre canton. Nous vivions nombreux et prospères dans le bocage et le vert paysage. Les nitrates et les pesticides n'empoisonnaient pas les réserves d'eau potable, les algues vertes ne polluaient pas les plages, les fortes pluies ne provoquaient pas les catastrophes d'aujourd'hui. Ce qui ne nous a pas empêchés de remplir notre contrat : dès la fin des années soixante, nous produisions largement de quoi nourrir Français et Européens à leur faim. Alors, pourquoi ce développement autonome, économe, à forte valeur ajoutée a-t-il soudain basculé dans la démesure ?

2.

La démesure

Le maïs est celui par qui le malheur est arrivé. C'est pourtant une plante originaire du Mexique, qui ne pouvait être cultivée que dans le sud-ouest de la France. Jusqu'à ce que les Américains, aussitôt imités par l'INRA qui ne voulait pas être en reste, créent un maïs hybride (à l'aide d'une technique comparable à celle de l'insémination artificielle), qui pouvait pousser dans toute la France. Un maïs dont le grain, dans les régions de France les moins bien ensoleillées, n'avait toujours pas le temps d'arriver à maturité, mais que l'on pouvait ensiler [1] pour nourrir les bêtes en hiver. Puis toute l'année car, commerce oblige, le maïs-ensilage fut présenté comme « la » plante miracle et devint dans les années soixante-dix la base de l'alimentation des bovins.

1. L'ensilage consiste à récolter la plante entière (et pas seulement les grains) que l'on broie et que l'on compacte dans un silo pour la conserver en attendant d'être consommée.

Maïs-saccage

Dans ces années soixante-dix, un déferlement de publicité, d'enseignement, de vulgarisation s'abat alors sur les paysans et les persuade que le maïs est *le* progrès : plus de soucis avec les foins, plus de bêtes à surveiller au pâturage. Plus rien d'autre à faire que construire un silo en libre-service où les vaches mangent librement en permanence. Grasses comme des loches, rondes comme des tonneaux ! La recherche scientifique sur l'alimentation des bovins ne s'intéresse plus qu'au système fourrager à base de maïs : elle met ainsi au point une ration alimentaire qui associe le maïs (riche en énergie) et le soja (riche en protéines). Et la vulgarisation technique se concentre sur la culture du maïs et la réussite de l'ensilage.

Séduits, la plupart des agriculteurs se laissent embarquer dans ce modèle. Moi-même, je ne résiste que deux ans ; les plus coriaces tiennent jusqu'à cinq années avant de s'y mettre à leur tour. Adieu nos belles prairies de ray-grass-trèfle blanc, adieu la révolution fourragère des années cinquante ! Au lieu de laisser faire la vache dans son pré, il nous faut à nouveau labourer, semer, traiter, récolter, transporter, distribuer... à la différence que, cette fois, ce sont des machines qui font le travail. Et quelles machines ! De plus en plus sophistiquées, de plus en plus puissantes et performantes, elles avalent, engloutissent un hectare de maïs en une heure !

Mais à quel prix ? Car tout cela coûte, et coûte même très cher ! Là où l'on vivait bien avec 20 vaches sur 20 hectares, il en faut désormais 40 sur 40 hectares. L'agrandissement des exploitations est en marche, nécessité économique oblige, et donc la disparition des exploitations – programmée et subventionnée par le gouvernement. La moitié des familles paysannes disparaissent ainsi en l'espace de dix ans et avec elles les écoles, les artisans, les commerçants de nos bourgs. C'est ainsi qu'ont périclité nos communes rurales ! Le maïs-fourrage, que l'on disait si «fabuleux», a vidé les campagnes.

Ce même maïs est aussi responsable de la dégradation de notre environnement. Là où les vaches pâturaient à l'abri du vent et de la pluie, grâce aux haies et aux arbres épars, sur des parcelles d'un hectare, les grosses machines pour semer, traiter et récolter le maïs exigent du large : les talus sautent, les haies sont rasées, on draine à tout va. Les parcelles humides, les prairies naturelles centenaires sont labourées (5 millions d'hectares pour la France), le paysage bocager fait place à la morne plaine. Du coup, les sols s'érodent sous l'action du vent et de la pluie, perdant leurs minéraux et leur matière organique qui font la richesse du sol ; la violence des tempêtes s'exerce plus librement, d'où les inondations et les coups de vent de plus en plus catastrophiques. Et l'État, avec notre argent, paie les dégâts.

Facteur aggravant, le maïs-fourrage prend une telle importance qu'on le cultive plusieurs années de suite sur les mêmes parcelles : il suffit par exemple de voir la plaine de l'Isère ou de la Limagne. Or, cette culture laisse la terre à nu d'octobre à juin, d'où un lessivage total des nitrates du sol, entraînés par les pluies et allant polluer les nappes phréatiques et les cours d'eau. Sans parler des pesticides et des métaux lourds, eux aussi lessivés. Dans des régions comme la Bretagne, tout cela s'accumule finalement sur les plages et dans les baies marines[2]... La responsabilité du maïs dans la pollution de l'eau est si nette que la société Vittel, par exemple, voyant le taux de nitrates monter inexorablement dans ses eaux minérales,

2. Ce qui entraîne notamment la prolifération d'algues qui asphyxient le milieu aquatique.

décida, en 1995, d'interdire aux éleveurs la culture du maïs à l'intérieur de son périmètre de protection des sources[3] ! Une interdiction prise sur le conseil de l'INRA.

En réalité, le maïs-fourrage n'aura été « fabuleux » que pour l'agro-business : l'éleveur doit acheter la semence de maïs tous les ans car un hybride ne se ressème pas ; il lui faut des produits de traitement pour détruire les mauvaises herbes et combattre les maladies ; il lui faut semoir et ensileuse spécifiques ; il lui faut modifier ses bâtiments, acheter force minéraux et soja pour compléter le maïs (aliment riche en énergie mais très pauvre en protéines, minéraux et vitamines). Et l'éleveur doit même s'endetter pour acheter tout cela ! Bref, le maïs est la poule aux œufs d'or du système commercial. Pas étonnant que celui-ci en ait fait une telle publicité. D'ailleurs, je ne leur jette pas la pierre : ces entreprises ont fait leur boulot de sociétés mercantiles. En revanche, on peut accuser les écoles d'agriculture, les vulgarisateurs payés par la collectivité, d'être entrés dans leur jeu.

Et l'herbe dans tout cela ? Hélas, finie l'exploitation rationnelle des herbages où l'éleveur profite à plein de la flambée de croissance de l'herbe – d'où une forte productivité de la prairie, même sans apport d'engrais azoté grâce au trèfle blanc. À la place, des méthodes absurdes et coûteuses. Par exemple, le système de *paddock* (en anglais, cela fait plus moderne) où chaque parcelle reçoit 50 kg d'engrais azoté à l'hectare tous les dix-huit jours (dix passages dans l'année, soit 500 kg d'azote à l'hectare : c'est énorme !). Mais comme l'herbe est pâturée trop vite, la production de la prairie est faible ; et comme elle n'a pas eu le temps d'assimiler tout cet azote, celui-ci s'en va polluer le sous-sol. C'est encore pire avec la méthode du

3. Le résultat est là : cinq années après, le taux de nitrates a baissé de 78 mg à 24 mg de NO_3 par litre.

full grass où les bêtes pâturent en continu... et ont en permanence besoin de compléments alimentaires. Au bout du compte, un résultat désastreux (une production d'herbe faible avec des coûts élevés) qui décourage l'éleveur de garder des prairies. Et une pollution énorme (160 kg d'azote par hectare se retrouvent dans les nappes phréatiques) vu les doses colossales d'engrais azoté.

Voilà le « progrès » qui a été vulgarisé et enseigné à toute une génération d'agriculteurs à partir des années soixante-dix : une méthode qui fait fi des lois élémentaires de la productivité d'une prairie[4].

Cochonnerie de lisier !

Et pourquoi le « progrès » s'arrêterait-il en si bon chemin ? De fait, le porc « pendu au pis de la vache », valorisant le lait écrémé, disparaît à mesure que le ramassage du lait par les laiteries se généralise : il est plus intéressant pour l'éleveur de vendre son lait plutôt que de le garder pour nourrir des cochons, car il est alors bien payé. Un prix garanti par les pouvoirs publics, et en augmentation chaque année.

Comment compléter alors l'alimentation des porcs ? « Élémentaire, mon ami ! » dira-t-on au paysan. « J'ai là ce qu'il faut pour vos braves bêtes : du soja, tout doré, tout parfumé, tout droit arrivé, par bateaux entiers, des États-Unis *via* le port de Lorient... En y ajoutant 5 % de farine de déchets de viande ou de poisson, c'est bien mieux que le lait écrémé. » Ainsi débute la spécialisation. Soit en lait, soit en porcs. L'antique association lait/porc est rompue.

Près de la moitié des exploitations du CETA de Corlay se spécialisent alors en production porcine : fini, l'esclavage

4. Voir mon livre *La Prairie temporaire à base de trèfle blanc*, *op. cit.*

de la traite dimanche et jours de fête. Toutefois, à la différence d'aujourd'hui, cette production reste liée au sol : seul le concentré azoté est acheté, le reste de l'alimentation est produit sur l'exploitation (il faut environ 30 hectares pour nourrir 30 truies). Et cela marche bien, les résultats économiques sont meilleurs qu'en vaches laitières, les éleveurs de porcs sont enviés.

Mais le système s'emballe. Les commerciaux – qu'on appelle « techniciens » – des nouvelles usines d'aliments du bétail battent la campagne : « Trente truies c'est bien, mais vous pouvez en faire cent pour gagner trois fois plus. Peu importe le nombre d'hectares dont vous disposez puisque je vous fournirai tout l'aliment nécessaire, et le Crédit agricole vous prêtera pour la construction d'une nouvelle porcherie moderne. » De fait, une frénésie s'empare des éleveurs de porcs du CETA. On connaît quelqu'un qui a 100 truies sur une commune voisine ? Vite, un voyage est organisé chez lui pour l'imiter : « On ne veut pas être dépassé ! »

Ainsi, chez Alexis, à Hanvec, qui vient de construire une porcherie de 500 truies. Alexis Gourvennec est le leader agricole breton qui fait l'admiration de la jeune génération. Chez lui, nous trouvons effectivement un élevage de 500 truies, mais en plus nous découvrons le caillebotis intégral. Alexis a copié ce modèle sur les Hollandais ses cochons, propres comme des sous neufs, vivent en permanence sur des caillebotis en béton ajouré qui permettent aux déjections de tomber directement dans la fosse en dessous. Chose étrange : les cochons de Gourvennec ont la queue coupée. C'est que cet animal, à défaut de pouvoir fouiner dans sa litière qui n'existe plus, a tendance à fouiner dans la queue de son voisin et... à la manger, d'où un risque d'infection et de mort pour l'animal ! Aussi Alexis préfère couper la queue des porcelets à la naissance... Voilà pourquoi le porc industriel n'a plus sa célèbre queue en tire-bouchon. Impossible désormais de l'attraper par là ! Quant au bâtiment, il est sans fenêtres, la lumière électrique remplace celle du jour. Il est parfaitement isolé et de gros extracteurs rejettent les odeurs et les gaz de la porcherie à l'extérieur. Deux ouvriers suffisent pour s'occuper de l'élevage des 500 truies et des 10 000 porcs gras vendus par an. Les abreuvoirs sont automatiques, comme l'alimentation, entièrement achetée à l'extérieur : plus besoin de cultures (c'est cela le hors-sol) ; 0,70 m^2 au sol par porc, pour le logement, suffisent.

C'est le coup de foudre pour ce système, qui se généralise à toute la production bretonne, passant du modèle danois (porcs vivant sur de la paille, où leurs déjections produisent du fumier) au modèle hollandais (leurs déjections coulent directement à travers le caillebotis en béton, et restent sous forme de lisier liquide). Désormais, porc = lisier.

Les conséquences de cet élevage concentrationnaire apparaissent vite désastreuses : avec l'agrandissement continu des élevages, la production double tous les cinq ans et le nombre de producteurs diminue de moitié. Des crises cycliques de surproduction apparaissent, avec baisse des cours que l'État doit compenser par des aides spécifiques (prise en charge des intérêts des prêts du Crédit agricole ou des pénalités de retard de cotisation à la Mutualité sociale agricole). Autre nuisance : les odeurs qui incommodent tout le voisinage, entrent dans les maisons, imprègnent l'éleveur (mais il ne s'en rend plus compte), ses enfants (et les malheureux se font « sentir » à l'école)[5]. Au bout de sept à huit ans de travail dans une telle porcherie, l'éleveur souffre de lésions pulmonaires dues à l'ammoniac qu'il respire en permanence dans la porcherie. Les cochons en souffrent aussi, bien entendu, et il faut les

5. *Cf.* l'émission TV *Thalassa* de septembre 2000.

tenir en permanence sous antibiotiques : bon appétit, consommateur ! Et bon vent aux maladies dites « émergentes », au retour de fléaux comme la tuberculose, dus à la résistance des germes aux antibiotiques.

Mais les dégâts sont plus graves encore sur l'environnement : pollution de l'eau par les nitrates du lisier, pollution du sol par le zinc, le cuivre et le phosphate en excédent, pollution de l'air par l'ammoniac. Les algues vertes ne sont que la partie visible des conséquences d'un modèle qui fait faillite. Ironie de l'histoire : les précurseurs hollandais tirent déjà la leçon de ces problèmes, réduisant leur production porcine et revenant aux porcheries avec litière de paille pour privilégier une production de qualité à forte valeur ajoutée, quand les gros producteurs de porcs bretons, eux, se croyant sans doute plus malins, persistent dans leur erreur, entraînant dans le mur toute l'économie bretonne. Pire, certains ont fait fortune en construisant illégalement des porcheries, en « boursicotant », en rachetant les installations d'éleveurs en difficulté. Sale mentalité ! La production de porcs industriels n'aura pas seulement pollué l'environnement, elle aura aussi pollué les têtes ! Le basculement dans l'élevage industriel a entraîné la fin d'un monde, la fin des paysans. D'une communauté solidaire, on est passé à une société individualiste où le plus fort attend que le voisin « crève » pour pouvoir récupérer ses terres afin d'y mettre son lisier et de toucher les primes publiques.

Voilà, ami lecteur, la démesure dans laquelle a sombré l'agriculture à partir des années soixante-dix, symbolisée par ce couple maudit « maïs/lisier ». Une dérive parfaitement prévisible, pourtant, dont l'ampleur aurait pu être limitée si elle n'avait pas bénéficié d'un soutien politique et syndical sans faille.

Les fossoyeurs

La politique agricole européenne fut l'élément déclencheur de ce productivisme sans frein[6] ! En garantissant aux agriculteurs des prix de vente élevés pour la viande, le lait, les céréales, et en laissant entrer le soja à bas prix, elle a créé les conditions favorables à l'élevage industriel et à la culture du maïs-fourrage. Elle a favorisé la spécialisation des exploitations et ainsi la rupture des équilibres économique et écologique ancestraux. Le plus tragique étant que d'autres choix étaient possibles.

Première bénéficiaire de cette Politique agricole commune (PAC), la France en a été l'inspiratrice, activement soutenue par le syndicalisme agricole français. Cette cogestion dure depuis 1960. Qui n'en voit le danger ? Au fil des ans, le syndicat majoritaire d'exploitants agricoles (la FNSEA) est devenu de plus en plus dominateur[7], dictant sa politique au ministère de l'Agriculture, toujours sous la menace de barrages routiers, de légumes déversés dans les cours de préfecture ou de destructions de bâtiments publics. Ainsi, des intérêts corporatistes à court terme ont fait la loi. Des intérêts corporatistes qui épousent systématiquement ceux des lobbies de l'agro-business.

Des lobbies tout-puissants

Il faut bien le constater : la profession agricole n'a pas défendu les paysans dont elle avait la responsabilité. C'est en effet la FNSEA qui a imposé aux gouvernants de droite ou de gauche toutes les restructurations d'exploitations et

6. Pour une présentation détaillée, voir André POCHON, *Les Champs du possible. Plaidoyer pour une agriculture durable*, Syros, Paris, 1999 (2e éd.).

7. La FNSEA, associée au Centre national des jeunes agriculteurs (CNJA) qui regroupe les exploitants de moins de 35 ans, domine aussi les autres instances représentatives de la profession agricole : l'Assemblée permanente des chambres d'agriculture (APCA), la Mutualité sociale agricole (MSA) et la Fédération des caisses de Crédit agricole.

de productions (ainsi, par exemple, de l'aide publique pour que les petits producteurs cessent leur production laitière). Un syndicat organisant la disparition de ses mandants : du jamais vu ! Un vrai scandale. De même, au nom du progrès, la profession agricole a fait le jeu de l'agro-business en soutenant l'élevage industriel et plus récemment le développement des OGM (organismes génétiquement modifiés). Les coopératives, pourtant construites par des paysans militants de l'après-guerre, sont devenues des mastodontes avec holdings et filiales qui n'ont rien à envier au secteur capitaliste. De même, le Crédit agricole ou Groupama (une coopérative et une mutuelle d'assurances issues de la profession agricole) rivalisent avec les empires d'Axa ou du Crédit Lyonnais !

Ainsi, les OPA (organisations de la profession agricole : syndicalisme, coopération, crédit et mutualité), dominées par la FNSEA, ont verrouillé tout l'espace syndical, mutualiste et économique de l'agriculture. Pas une installation de jeune exploitant sans leur accord préalable, pas une décision ministérielle sans leur aval. Si par exception une réglementation les gêne, elle est royalement bravée, détournée, jamais appliquée : « Nous avons fait plier Bruxelles, ce n'est pas deux ministres français qui nous font peur ! » se vantaient les présidents de coopératives bretonnes à propos de la loi Voynet-Le Pensec limitant en 1998 les créations de porcheries.

S'appuyant sur le poids électoral des agriculteurs, surreprésentés au Sénat grâce au nombre de communes rurales et longtemps dotés d'un capital de sympathie dans l'opinion publique, disposant d'un puissant appareil administratif national quadrillant jusqu'au moindre canton grâce à ses militants et à ses cadres techniques (économistes, sociologues, agronomes, communicateurs...), la FNSEA est un État dans l'État qui impose son diktat sur le monde agricole. Encore aujourd'hui, les paysans de la base commencent à peine à s'apercevoir qu'ils se sont fait flouer par les « spécialistes de la représentation » qu'ils ont élus, mais qui n'ont plus de paysans que le titre. Il s'agit d'une nouvelle caste qui a remplacé le seigneur d'autrefois et qui tient la place, car on y prend goût : primes d'émargement, voyages en première classe, hôtels de luxe... Ces dames ne sont pas oubliées, et l'heureux élu bénéficie pour longtemps d'une rente de situation s'il « ferme sa gueule »... Rares sont ceux qui, comme Camille Guillou[8], ont conservé leur liberté de s'exprimer.

Quant aux lobbies de l'agro-industrie, ils jubilent puisque la profession agricole leur ouvre le boulevard du profit. Inespéré ! Cela leur permet même parfois de se donner l'image d'une industrie soucieuse de l'environnement et de la santé publique, par exemple en s'affichant promoteurs, contre les excès passés, d'une « fertilisation raisonnée » – qui se voudrait « raisonnable »[9]. Ainsi est né le Forum de l'agriculture raisonnée respectueuse de l'environnement (FARRE) avec le soutien financier de Rhône-Poulenc, Monsanto, Sandoz, etc., qui regroupe l'industrie agroalimentaire, la grande distribution, les coopératives agricoles, les chambres d'agriculture, la FNSEA et le CNJA, sous la houlette de Christiane Lambert, ex-présidente du CNJA. Et le gouvernement n'est pas en reste, qui a créé une commission de l'agriculture raisonnée. À grand renfort de papier glacé (l'argent ne manque pas), tout ce beau monde essaie de séduire les médias, la grande distribution et les consommateurs. Malheureusement, la charte du FARRE n'est qu'un catalogue de bonnes intentions, sans aucun caractère obligatoire, ne se référant à aucun cahier des

8. Camille GUILLOU, *Les Saigneurs de la terre,* Albin Michel, Paris, 1997.

9. Il s'agit, en principe, de se donner les moyens de réduire les apports d'engrais ou de pesticides, notamment en calculant au plus juste les doses nécessaires et en améliorant la précision des modes d'épandage. Mais cela peut évoluer et Christiane Lambert s'y emploie.

charges contrôlable : elle affiche juste l'engagement de mieux régler son pulvérisateur et son épandeur d'engrais, mais pas celui – fondamental – de changer de modèle. Il est vraiment regrettable que Marie-José Nicoli, présidente de l'association UFC-Que Choisir, se soit laissé impressionner. Avec mon ami André Chandernagor, ancien ministre, nous avons dénoncé l'imposture [10] en vain : la confusion est ainsi faite entre l'agriculture dite raisonnée et l'agriculture durable qui, elle, repose sur un cahier des charges contrôlé.

Ces céréaliers qui cultivent les primes

Pendant que les élevages industriels se multipliaient en Bretagne, que le maïs-fourrage prenait la place des vertes prairies, nos grandes et riches plaines céréalières, telles la Beauce, la Brie, s'installaient dans la monoculture : blé, maïs, betteraves. Vaches, veaux, cochons, couvées ont disparu de ces régions autrefois assez variées, et c'est désormais l'assolement bien connu : blé, sports d'hiver, betteraves, Côte-d'Azur. Heureux agriculteurs ! D'autant plus que le blé et la betterave sont payés au prix fort garanti par la puissance publique, réévalué chaque année : depuis 1992, les primes liées à la superficie, versées sans limitation et sans condition, ont augmenté le revenu des céréaliers de 25 % en trois ans. Qui dit mieux ?

Problème . ces plaines, parmi les plus fertiles d'Europe, sont devenues des déserts humains et des catastrophes agro-écologiques. Le sol se compacte à cause du poids des engins agricoles et des techniques de culture, perd sa fertilité naturelle trop sollicitée par les rendements, l'érosion et le lessivage. La monoculture sans bétail associé a fait dispa-

10. André CHANDERNAGOR, André POCHON, « L'agriculture raisonnée, l'imposture », à lire sur le site Internet de la Coordination nationale contre l'élevage industriel (http ://perso.wanadoo.fr/coordination.nationale/bureau.htm).

raître l'humus (sans prairie et sans fumier, celui-ci ne peut se renouveler). La terre est ainsi devenue un simple support mécanique sur lequel il faut tout apporter pour produire : beaucoup d'engrais azoté ; des herbicides et des fongicides de plus en plus virulents et variés car les mauvaises herbes et les maladies deviennent résistantes ; des insecticides car il n'y a plus de talus, de haies, de landes pour abriter les prédateurs d'insectes nuisibles ; de l'eau, enfin, car la terre sans humus ne retient plus l'humidité et, trop tassée, elle empêche les racines de descendre pour puiser dans l'humidité de la terre plus profonde.

Cercle vicieux : plus on traite, plus il faut traiter. L'équilibre de l'écosystème, gage de la durabilité, est rompu. Pauvres céréaliers qui ont mangé leur sol, pollué leur eau, et bourré leur blé de pesticides dont bientôt personne ne voudra plus. Si leurs grands-pères revenaient sur terre, que penseraient-ils de leurs petits-fils qui ont bradé le patrimoine en ne cultivant pas en « bon père de famille » ? Triste bilan pour des exploitants qui sont, pour la plupart, ingénieurs agronomes !

Mais un bilan dont la victime est la qualité de la terre, de l'eau, des paysages, des produits agricoles, alors que le céréalier, lui, se porte bien : grâce à la manne européenne, un agriculteur disposant de 300 hectares en Beauce encaisse chaque année 1 million de francs de primes publiques – oui, vous avez bien lu. Pas besoin d'aller à la télévision pour gagner 1 million !

D'où la puissance de ces céréaliers qui disposent de temps et d'argent pour leurs passe-temps – ils n'ont rien à envier aux patrons de l'industrie –, et pour occuper les postes de commande des organisations agricoles qu'ils tiennent sous leur coupe puisque ce sont eux qui les financent majoritairement[11]. Pour un gouvernement,

11. Par exemple, les recettes des chambres d'agriculture proviennent pour l'essentiel de taxes sur les ventes de céréales des agriculteurs.

s'opposer à eux tient de la prouesse. Louis Le Pensec, ministre de l'Agriculture qui voulait en 1997 supprimer la prime à l'irrigation et uniformiser l'aide à l'hectare, a dû reculer au bout d'une semaine. Comme son successeur Jean Glavany, qui affirma haut et fort son souhait de moduler les primes en fonction de la taille de l'exploitation : au départ, 5 milliards de francs devaient être prélevés sur les primes versées aux grosses exploitations pour être redistribués aux plus petites ; six mois plus tard, ce n'était plus que 2 milliards de francs ; et au final 950 millions ! Qui sont néanmoins restés en travers de la gorge des céréaliers qui ont juré de prendre leur revanche...

Enfin, pour compléter le tableau, il faut souligner la responsabilité de l'enseignement agricole qui avait fait sien le modèle productiviste. Comme la recherche scientifique, qui a plus investi dans ce modèle que dans la recherche de solutions alternatives. Certes, il y eut en 1978 le coup de semonce courageux de Jacques Poly, directeur général de l'INRA, montrant la nécessité de revenir à une agriculture économe et autonome. Mais qui voulait écouter ce trouble-fête ? Que la fête continue ! Obnubilés par le chiffre d'affaires – et les affaires tout court –, les dirigeants agricoles d'alors, véritable caste au pouvoir, ne voulaient rien entendre, rien voir, accrochés au court terme du mirage productiviste...

Le productivisme à son apogée

C'est que les affaires marchaient : nos exploitations céréalières comblaient d'aise nos gouvernants qui croyaient au « pétrole vert » de la France, à la suite du président Giscard d'Estaing en 1977 (et tant pis si ces exportations étaient en réalité subventionnées par les contribuables). La Bretagne était devenue la première région française de production agricole : 55 % des porcs, 40 % de la volaille,

20 % du lait et de la viande bovine, 100 % des artichauts et des choux-fleurs ! Les banques jubilaient, les abattoirs abattaient à tour de bras et les coopératives, de fusions en créations de holdings, faisaient leur beurre, assez loin toutefois des Bonduelle, Nestlé et autres Guyomarc'h ou Sanders : de 1970 à 1985, les marges commerciales de l'industrie agro-alimentaire se sont accrues de 76 % pour un volume de production en hausse de 35 %[12].

Les élus étaient littéralement conquis, les affaires créaient des emplois : + 50 000 dans l'agro-alimentaire entre 1970 et 1985. Alors, touche pas à mon cochon ! Les mises en garde des écologistes étaient des plus mal vues, de même que celles des économistes qui dénonçaient la fragilité d'un développement dégageant si peu de valeur ajoutée[13]. Personne ne s'inquiétait du fait que la Bretagne était alors lanterne rouge du revenu par actif agricole, et que si les Côtes-d'Armor ont effectivement créé 2 000 emplois dans l'agro-alimentaire de 1979 à 1988, elles en ont perdu 17 700 dans la production agricole pendant ce temps.

L'administration, quant à elle, était comme « à la botte » de l'agro-business par FNSEA et chambre d'agriculture interposées. Accordant à tout va des permis de construire de porcheries et de poulaillers industriels, contournant ses propres arrêtés préfectoraux, fermant les yeux sur les constructions illicites (d'ailleurs, État et profession agricole ont décidé par la suite de régulariser toutes les porcheries en situation d'infraction avant 1994 !). Peu importaient les moyens, les Bretons voulaient être meilleurs que les Hollandais, meilleurs que les Japonais...

À la fin des années soixante-dix, le productivisme vit ainsi son heure de gloire. Le modèle breton est envié, les

---

12. *Source* : INSEE, *Comptes de la nation*.

13. Voir par exemple Yves CHAVAGNE, *L'Agriculture industrielle en crise*, Syros, Paris, 1983.

responsables agricoles se gargarisent d'avoir fait de la Bretagne la première région de France pour les productions animales et de l'avoir « sortie du sous-développement », passant sous silence les progrès accomplis avant eux, dans les années 1955-1970. Mais qu'auraient-ils fait sans les pionniers, eux qui n'ont même pas vu les clignotants s'allumer dès la fin des années soixante-dix ?

3.

La catastrophe

Danger ! Eau potable imbuvable...

Quand l'Association pour la défense des salmonidés, devenue depuis Eau et Rivières de Bretagne, alerta l'opinion publique et les élus sur la montée anormale des taux de nitrates dans les eaux bretonnes, on n'a guère écouté ces empêcheurs de polluer en rond : « Des écolos qui voudraient casser l'économie de la région. Nitrates ? Connais pas. »

Mais pas pour longtemps, car les analyses révélèrent vite une augmentation continue des taux de nitrates dans les régions d'élevage intensif et dans les régions légumières de la côte bretonne : + 4 mg par an, en dix ans la progression est de 40 mg. Les nitrates devinrent ainsi le problème numéro un de la région en matière de pollution. Un rapport rédigé par Jean-Claude Pierre, fondateur d'Eau et Rivières, fut voté à l'unanimité au Conseil économique et social de Bretagne, et, depuis, les programmes se sont succédé : « Bretagne eau pure n° 1 », « Bretagne eau pure n° 2 », et le troisième en préparation. Mais, malgré l'augmentation exponentielle des budgets consacrés à ces programmes, le taux de nitrates continue d'augmenter inexorablement, dépassant fréquemment le seuil des

50 mg/l de la norme européenne. À tel point que les consommateurs de Trégueux et de Guingamp, en Côtes-d'Armor, ont fait condamner en 1996 la puissante Compagnie générale des eaux (devenue Vivendi depuis) et la non moins puissante Lyonnaise des eaux à rembourser aux plaignants l'équivalent de l'achat de deux bouteilles d'eau par jour sur trois ans : c'est-à-dire 4 000 à 5 000 francs par ménage ! Puis la Lyonnaise s'est retournée contre l'État qu'elle juge responsable de la mauvaise qualité de la ressource en eau potable, du fait des autorisations accordées en dépit de la réglementation sur les bâtiments d'élevage et la protection de l'eau.

Comme un malheur n'arrive jamais seul, les analyses d'eau ont alors révélé la présence de pesticides à un niveau encore plus alarmant que celui des nitrates. La première année, le contrôle portait sur quatre molécules (atrazine, lindane, carbofuran et dinoterbe), qui étaient toutes en dépassement : jusqu'à soixante fois la dose admise par l'Organisation mondiale de la santé. Un an plus tard, les dix molécules contrôlées étaient toutes en dépassement ! Et l'année suivante, trente molécules hors normes ! De quoi paniquer car ces molécules sont plus dangereuses que les nitrates : elles se dégradent très lentement et s'accumulent insidieusement dans l'eau, le sol, les plantes, le lait, la viande, les vases, les poissons, bref dans toute la chaîne alimentaire, pour aboutir dans le corps humain – y compris le lait maternel – où elles sont stockées dans nos graisses. Deux paysans seraient morts ainsi, empoisonnés par les pesticides libérés dans leur sang après une cure d'amaigrissement. L'empoisonnement par les pesticides peut être brutal (par inhalation ou par contact pour certains d'entre eux) mais, plus fréquemment, il se développe sur le long terme : cancers, leucémie, malformations génétiques et même... baisse de la fertilité masculine[1] ! Très, très inquiétant pour l'avenir de l'espèce humaine !

Difficile de se cacher la catastrophe en cours. Certes, les nitrates et les pesticides ne se voient pas dans l'eau, mais il y a aussi les algues vertes qui envahissent nos baies marines : elles se voient, se sentent, et l'on s'y empêtre même ! Ces algues sont devenues la bête « noire » des stations touristiques. Nos élus ne savent plus « à quel saint se vouer » et pourtant les saints bretons sont nombreux ! Les communes et le Conseil général passent à la caisse pour la ramasser, cette salade verte dont on ne sait que faire ! Cependant les scientifiques sont formels : nitrates et phosphates en sont la cause, charriés par les rivières bretonnes : il faut donc traiter le problème à la source, c'est-à-dire réduire la fertilisation azotée et les épandages de déjections animales en amont pour ramener le taux de nitrates à la normale. En patientant cinq à dix ans pour que le résultat se fasse sentir. En attendant, tout un pan de l'économie bretonne, le tourisme, est menacé car les vacanciers fuient ces algues vertes malgré tout l'attrait de nos côtes par ailleurs superbes.

Sans parler de ceux que la mer fait vivre aussi : les pêcheurs tempêtent contre cette salade qui obstrue leurs filets ; les ostréiculteurs de la baie de Saint-Brieuc, Lannion ou Saint-Malo voient leurs huîtres, moules et coquilles Saint-Jacques menacées par les eaux sales et polluées des rivières bretonnes qui charrient matières organiques, germes fécaux dus aux épandages intempestifs de lisiers. L'élevage industriel de porc mettant en danger l'économie marine... On en est là !

---

1. Theo COLBORNE, Diane DUMANOSKI, John PETERSON MYERS, *L'Homme en voie de disparition,* Terre vivante, Mens, 1997.

Sans parler des tempêtes, des inondations, dont la violence a été aggravée par l'arasage intempestif des talus et des haies, par les terres nues entre deux récoltes de maïs-fourrage, par les drainages des zones humides. Ces paysages saccagés sont les tristes symboles de cette démesure agricole. Et c'est aussi notre cadre de vie, qui fait notre joie de vivre, qui est ainsi brisé. L'agriculteur, façonneur et gardien du paysage au cours des siècles passés, en est devenu le principal destructeur, encouragé et subventionné pour accomplir ce forfait. Parfois de façon invisible : la terre nourricière, sa terre, est en sursis, à cause de la disparition de l'humus dans les zones de grandes cultures spécialisées, à cause de l'accumulation des métaux lourds comme le zinc ou le cuivre contenus dans les lisiers, à cause de l'accumulation des phosphates aussi. Où est passé ce bon sens paysan qui lui faisait entretenir ce patrimoine en « bon père de famille » ? L'eau, la terre, l'air dégradés par l'agriculture industrielle, c'est l'équilibre écologique ancestral qui est rompu par des techniques brutales qui ont fait fi des lois agronomiques élémentaires. Tout cela signe la faillite du système au plan environnemental.

Des vaches devenues folles

La « malbouffe », comme la pollution, est aussi le fruit du productivisme. On s'en est aperçu dès la fin des années soixante-dix, mais les risques et les catastrophes sanitaires se sont accumulés sans émouvoir beaucoup les industriels et les responsables de la politique agricole.

La prise de conscience a démarré dès 1980, quand Bernard Lambert, éleveur de Loire-Atlantique et leader du syndicat agricole Paysans travailleurs (précurseurs de la Confédération paysanne), déclare la guerre au veau aux hormones. Les associations de consommateurs suivent et boycottent la viande de veau – la filière mettra des années à s'en remettre –, et tout cela permet d'obtenir l'interdiction des hormones en Europe. Désormais, ces substances qui font grossir les animaux sont interdites sur tout le territoire de l'Union. Mais la menace plane encore. Des margoulins ont persisté illégalement, allant jusqu'à faire assassiner un contrôleur vétérinaire trop consciencieux. Et les Américains qui, eux, ont continué à recourir aux hormones – les profits sont si gros – et qui aimeraient pouvoir exporter ces viandes en Europe ont engagé des procédures juridiques, *via* l'Organisation mondiale du commerce (OMC), pour que l'Europe lève son interdiction. N'en déplaise à certains, nous résistons et José Bové, leader du syndicat Confédération paysanne, incarne désormais ce combat. Car nous savons que ces hormones produisent une viande de mauvaise qualité [2] et qu'elles ne sont pas sans conséquence sur notre santé.

Hélas ! À peine satisfaits d'avoir obtenu l'interdiction des hormones, nous avons appris que les antibiotiques, ces auxiliaires si précieux pour combattre les maladies humaines, étaient employés systématiquement dans les élevages industriels pour prévenir les infections et aussi comme activateurs de croissance. Or des résidus d'antibiotiques peuvent se retrouver dans la viande et le lait, et rendre à la longue les germes pathogènes, cause de nos épidémies, plus résistants aux antibiotiques. Le bienfait de la découverte des antibiotiques, qui ont sauvé tant de vies humaines, serait ainsi anéanti. Aussi l'utilisation de ces produits dans l'alimentation animale est-elle réglementée, voire interdite dans certains pays de l'Union européenne, comme la Suède. Mais pas partout, ce qui facilite évidemment les fraudes.

Mais il y a aussi ces centaines de colorants et d'additifs dont l'industrie agroalimentaire assaisonne ses produits

---

2. La viande hormonée est notamment gorgée d'eau qui s'évapore à la cuisson (voir, par exemple, le dossier de *Que choisir ?* n° 294, mai 1993).

pour embellir leur aspect, pour les conserver plus longtemps, etc. : ces produits chimiques ne sont pas anodins pour la santé, et s'ajoutent aux métaux lourds et aux pesticides employés sans discernement sur les cultures, et qui se retrouvent aussi dans les produits que nous mangeons[3]. On comprend que certains consommateurs préfèrent manger « bio » dans la mesure de leurs possibilités.

L'affaire de la vache folle sera peut-être la goutte d'eau qui fait déborder le vase. Elle éclate, tel un coup de tonnerre, le 20 mars 1996, quand le gouvernement anglais annonce au monde entier qu'une maladie mystérieuse décime son troupeau laitier depuis une dizaine d'années (plus de 169 500 cas, selon le très officiel rapport de lord Phillips publié le 26 octobre 2000), maladie vraisemblablement transmise à l'homme sous forme d'une variante de la maladie de Creutzfeldt-Jacob (MCJ) ayant provoqué le décès de près de 80 personnes (au 31 mars 2001, on comptait plus d'une centaine de cas en Grande-Bretagne, deux en France et un en Irlande).

L'agent de cette maladie mystérieuse (baptisée encéphalopathie spongiforme bovine : ESB) est aujourd'hui identifié : il s'agit d'une protéine « folle » baptisée prion, dont on ne sait pas grand-chose si ce n'est qu'il semble avoir été transmis par les farines animales entrant dans la composition de l'alimentation des vaches laitières. C'est ce qui incite le gouvernement anglais à interdire dès 1988 les farines animales à base de viande ou d'os de bovins dans l'alimentation des bovins (mais pas des autres animaux). C'est ce qui justifie ensuite sa décision d'éliminer de la consommation humaine toutes les vaches anglaises en « fin de carrière » – vaches dites « de réforme » –, soit plus de 5 millions de bovins.

3. On peut lire avec profit *Toxic-bouffe* (éd. Marabout, 1994) rédigé par Lionelle Nugon-Budon, chercheuse à l'INRA.

Cette annonce dramatique des Anglais provoque en 1996 un véritable choc en France. Les consommateurs se détournent des boucheries et des triperies, et les professionnels de la filière bovine sonnent le tocsin. Le gouvernement se met en quatre pour les aider et tranquilliser les consommateurs : interdiction d'importer des viandes anglaises ; création d'un logo (« VF » = vache française) censé certifier que la viande est d'origine française. Et peu importe si la France est loin d'être indemne : 180 725 cas au Royaume-Uni au 15 janvier 2001 ; 248 en France ; 366 cas en Suisse, 503 au Portugal, 599 en Irlande.

Le public, stupéfait, horrifié, va de découverte en découverte : il apprend que l'aliment destiné aux animaux et benoîtement baptisé « farines de viande » est fabriqué à partir de cadavres, souvent en putréfaction, et que ces farines passent dans l'alimentation des porcs, des poulets (animaux omnivores) mais aussi des bovins (animaux herbivores) comme les vaches laitières.

Il apprend – plus scandalisé encore – que les fabricants français d'aliments ont quadruplé leurs importations de farines animales britanniques à partir de 1988, date de leur interdiction en Angleterre, et que le gouvernement français autorisait ces importations. Ainsi, des farines sûrement contaminées ont été incorporées en toute légalité dans l'alimentation de nos bovins ! Il ne faut probablement pas chercher ailleurs les nombreux cas de vaches folles détectés en Bretagne, fief des usines d'aliments du bétail, qui ont profité des prix bradés en Angleterre pour remplir leurs silos de protéines bon marché. On paye aujourd'hui le prix de ce mercantilisme associé au laisser-faire gouvernemental. D'autant qu'après l'interdiction, prise en 1990 par le gouvernement français, d'importer des farines animales de Grande-Bretagne, nos fabricants d'aliments ont importé les farines anglaises *via* l'Irlande ou la Belgique ! Ce qu'ils reconnaissent publiquement puisque c'était légal...

Il faut attendre 1996 pour que le gouvernement français interdise les farines animales dans l'alimentation des bovins. Mais pas dans celle des porcs ni des volailles. Nouvelle erreur grave puisque cela entraîne des contaminations dites « croisées » : un camion qui livre de l'aliment pour porcs, puis pour bovins, parfois dans le même élevage, mélange forcément les restes et c'est ainsi qu'un aliment pour porcs ou volailles contenant le terrible prion peut avoir été distribué « accidentellement » à des vaches laitières (mon vétérinaire me disait : « Interdire les farines animales pour les bovins et les autoriser pour les porcs et les volailles, c'est se moquer du monde ! »). C'est l'une des explications des vaches folles nées après 1996 (cas dits « naïfs » : nés après l'interdition des farines), date de l'interdiction des farines animales dans l'alimentation des bovins.

Finalement, alors que les Anglais ont interdit dès 1996 toutes les farines animales dans l'alimentation de tous les animaux, la France a attendu la seconde crise de la « vache folle », en 2000, pour prendre cette mesure radicale (entrée en vigueur à partir du 15 novembre 2000), entraînant alors l'Union européenne à en faire autant le 1er janvier 2001.

Quatre années perdues : quel grave manquement au principe de précaution ! D'autant que personne ne sait ce que devient le prion ingurgité par les porcs, volailles et poissons, dont on mange en plus tous les abats. Aucune « folie » n'avait été constatée chez ces espèces, nous dit-on... Et pour cause, puisque ces animaux n'ont pas le temps d'être malades (la durée d'incubation est au minimum de cinq ans) ! Des doutes aussi graves auraient dû nous inciter à la prudence[4]. Mais non : depuis quatre ans, la France des gastronomes s'est voilé la réalité derrière son

4. Problème de santé publique, évidemment. Mais problème économique, aussi. Si le consommateur français, comme les Allemands, avait pris conscience qu'il consommait du prion dans son jambon et boycotté la viande de porc, c'en était fait de l'élevage industriel du porc !

logo « bœuf français », et les éleveurs se sont contentés de défendre leur revenu (il n'a pas baissé en 1996-1997) en réclamant et en obtenant des primes compensatoires.

Sauf que l'on ne pouvait pas soigner la maladie en cassant le thermomètre. Du coup, depuis 1996, la crise a rebondi régulièrement et les gouvernements l'ont gérée au coup par coup, pour le meilleur et pour le pire.

On s'aperçoit tout d'abord que le nombre de vaches folles augmente d'année en année, et que certaines des bêtes « folles » sont nées après 1990 – donc après l'interdiction des farines animales pour l'alimentation des bovins –, voire bien plus tard. Inquiétude : et s'il y avait d'autres voies de transmission du prion que les farines animales ? De fait, 10 % des contaminations en Angleterre s'effectueraient entre la mère et son veau. On parle aussi de contamination possible par le sol ou l'eau : le prion ne continue-t-il pas son parcours dans la chaîne alimentaire *via* les déjections animales ? D'où l'idée de chercher à mesurer l'ampleur de l'épizootie d'ESB par des tests de dépistage que les chercheurs développent. Le ministre Jean Glavany décide alors de tester la cervelle de tous les animaux morts, du moins dans les zones les plus atteintes par la maladie. Résultat : le nombre de cas identifiés d'ESB augmente fortement en France, et avec lui le nombre de troupeaux abattus pour enrayer l'épizootie. Si les Côtes-d'Armor tiennent la tête du palmarès, toutes les régions françaises sont atteintes. Une légère inquiétude revient ainsi torturer le consommateur.

Puis un marchand de bestiaux normand, qui a commercialisé une bête douteuse mélangée à un lot d'animaux sains, est inculpé. Bien que la bête ait été repérée par les services vétérinaires et retirée du circuit à temps, Carrefour retire de ses rayons toute la viande provenant du lot incriminé. Trop tard. Le consommateur se sent cette fois directement menacé, d'autant que Luc Guyau, patron e la FNSEA, propose alors d'envoyer à l'équarrissage tous les bovins de plus de trente mois : tout le cheptel serait donc touché ? Du coup, de nombreux maires interdisent la viande bovine dans les cantines scolaires, les consommateurs se détournent des boucheries, et la crise se généralise à toute la filière bovine : boucheries vides, abattoirs en chômage technique, animaux s'accumulant dans les élevages. Seule la filière de l'agriculture biologique, comme en 1996, s'en tire.

D'où la nécessité de couper court aux psychoses en frappant un grand coup : la France interdit l'usage des farines de viande et d'os dans l'alimentation de tous les animaux. Elle retire de la chaîne alimentaire tous les tissus à risque : cervelles, moelles épinières... – et limite aussi l'emploi de produits d'origine animale pour certains usages cosmétiques, pharmaceutiques ou pour l'alimentation humaine –, bientôt suivie par toute l'Europe ; et elle impose à l'abattoir les tests de dépistage sur tous les bovins[5], indispensables pour éradiquer la maladie (mesure qui entrera aussi en vigueur dans tous les États de l'Union européenne au plus tard le 30 juin 2001).

On peut donc penser que, cette fois, les mesures nécessaires ont été prises, ce qui devrait permettre de connaître l'ampleur de la contagion et de l'éradiquer, dans la mesure où le repérage d'un cas d'ESB entraînera l'abattage systématique de tout le troupeau concerné. Et, sur ce point, la Confédération paysanne a tort de contester car il est difficile de se passer d'un abattage total du troupeau tant que l'on ne dispose pas d'un test de dépistage sur le sang permettant de détecter les animaux bien portants mais porteurs du prion fou – et non pas seulement les animaux en phase maladive. D'ailleurs, les Anglais qui ne pratiquent

5. Toutefois, le test ne sera pratiqué que sur les animaux de plus de trente mois, les plus jeunes animaux n'ayant pas eu le temps d'incuber la maladie.

pas l'abattage systématique constatent qu'un troupeau avec un animal malade récidive les années suivantes avec six ou sept animaux en moyenne par troupeau.

De plus, ce dispositif va se trouver renforcé de fait par une autre mesure – économique, celle-là –, décidée par l'Europe sous la pression de la France, elle-même poussée par la FNSEA : des aides publiques seront versées pour l'incinération des vaches laitières de réforme afin de réduire l'offre et de faire remonter les cours de la viande bovine.

Depuis le 1er janvier 2001, tous les éleveurs laitiers français ont donc le choix : soit ils commercialisent pour la viande leurs vaches de réforme au cours du marché, et ces animaux sont testés à l'abattoir (avec le risque d'un dépistage positif et de l'abattage du troupeau) ; soit ils les envoient pour incinération à l'équarrissage, sans test[6] donc sans risque, et perçoivent non pas le prix du marché de la viande mais une indemnité publique. Parions qu'ils choisiront majoritairement cette seconde solution, moins risquée pour eux. Et donc, pour la France, 1 million de vaches de réforme laitières seront ainsi retirées du marché, soit 300 000 tonnes de viande ! Plus de 1 500 000 tonnes pour l'Europe.

Cela devrait suffire pour assainir le marché et même provoquer une pénurie de viande bovine et une forte hausse des cours. Et en même temps, cette mesure contribuera à enrayer la progression de l'ESB. En effet, ces vaches laitières de réforme représentaient jusqu'à 50 % de la viande bovine consommée en France et présentaient un risque ESB maximum puisque les farines de viande incriminées étaient surtout consommées par les vaches laitières.

Avec cet ensemble de mesures (destruction des farines animales ; retrait des tissus à risques, tests systématiques

6. Ce qui est regrettable car un test de dépistage aurait permis de préciser l'ampleur de l'ESB et de mieux lutter contre elle.

de dépistage à l'abattoir sur les animaux de plus de trente mois ; destruction des vaches laitières de réforme), le consommateur devrait être sécurisé et pouvoir manger en confiance la viande bovine. À condition, bien sûr, que tout cela soit correctement appliqué. Et sous réserve du test de dépistage sur les animaux vivants qui permettra d'éliminer plus précocement tous les animaux porteurs du prion fou et d'en finir avec ce fléau, comme on l'a fait avec la tuberculose bovine ou la bruxellose. Sauf si le prion a déjà contaminé le sol et l'eau (hypothèse terrifiante car nous serions alors complètement désarmés)...

En tout cas, un point peut être considéré comme acquis : les mesures proposées sont suffisantes pour maintenir le revenu des éleveurs. L'Europe n'est pas pingre ! Car si l'on additionne le coût des tests de dépistage (que le consommateur supportera, en définitive, puisque le prix de la viande s'en trouvera augmenté) et le montant des indemnisations versées aux éleveurs pour leurs bêtes sacrifiées, la facture risque de s'élever à 20 milliards de francs pour l'agriculture européenne. Les éleveurs devraient donc avoir la décence de s'en satisfaire. Mais non, ils continuent à réclamer toujours plus, soutenus par la FNSEA et le CDJA : ils ont ainsi obtenu des compensations directes supplémentaires du gouvernement français...

4.

Responsables... mais pas coupables

La crise de la vache folle est l'aboutissement d'une longue dérive due au modèle productiviste : produire toujours plus, quels que soient les moyens, sans se soucier des dégâts sur l'environnement et la santé. C'est ce que découvre l'opinion publique, qui attend désormais des politiques et des professionnels un changement d'orientation.

Le chancelier allemand semble l'avoir compris, qui vient de remercier son ministre de l'Agriculture et d'annoncer la nécessité de privilégier désormais une agriculture respectant les équilibres naturels. Mais si, en France, ce discours progresse aussi, il est encore trop souvent un alibi pour ceux qui ne veulent pas remettre en cause leurs pratiques. Sur le dos des consommateurs et des contribuables, bien sûr. Mais aussi sur le dos des agriculteurs qui ont relevé le défi d'une agriculture performante, saine et de qualité. Alors il nous faut bien faire tomber les masques pour pouvoir avancer en confiance

Laxisme et mercantilisme

Inutile d'invoquer la fatalité. Par exemple, dans l'affaire de la vache folle, on connaît le laxisme de l'administration anglaise depuis le gouvernement Thatcher et son long silence avant que, contraint et forcé, l'étendue des dégâts soit révélée[1] ! Il y a aussi le laisser-faire du gouvernement français qui a attendu août 1990 pour interdire l'importation de farines anglaises et la consommation directe d'abats par les humains, puis 2000 pour interdire totalement ces farines animales. Il y a encore la responsabilité de la Commission européenne qui a tout fait pendant de longs mois pour cacher la gravité de la crise, sous la pression des Anglais appuyés par le commissaire McSharry, avec la complicité de certains Français qui occupaient les plus hauts postes à Bruxelles. Tout cela est maintenant connu et dénoncé.

Il y a aussi les industriels de l'alimentation du bétail, grandes firmes bretonnes privées ou coopératives qui ont doublé leurs importations de farines anglaises entre 1988 et 1990, puis continué à les importer *via* l'Irlande et la Belgique après l'interdiction d'importation directe adoptée par le gouvernement français. Pour gagner quelques sous, ils ont empoisonné le bétail de leurs clients. Attitude moralement inexcusable, même s'ils échappent aux poursuites judiciaires.

La justice mit aussi bien longtemps à examiner les plaintes déposées par les éleveurs et les syndicats (Confédération paysanne et FNSEA) s'estimant victimes de ces pratiques. Mais que dire des services douaniers qui connaissaient ces importations et n'ont guère collaboré pour en révéler l'ampleur ?

---

1. Voir le rapport au Premier ministre anglais rédigé par lord Phillips et publié en octobre 2000.

Mais voilà : élevages, industriels de l'alimentation animale, abattoirs, équarrissages, banques, etc. forment une filière, derrière laquelle il y a des milliers d'emplois, des milliards de capitaux, et il faut avant tout sauver cette filière. Alors, on ne veut rien voir, rien entendre et l'on cache la réalité le plus longtemps possible, jusqu'au jour où elle éclate à la figure des consommateurs par ces images de vaches folles amaigries et titubantes ou, pire, par ces jeunes agonisant dans des souffrances insupportables. La filière s'écroule alors, bien sûr, mais une fois de plus c'est le citoyen-consommateur qui passe à la caisse !

La fin du métier de paysan

Et l'éleveur dans tout ça ? L'opinion s'apitoie sur ceux dont on a abattu tous les animaux, sur cet immense vide après leur abattage, en catimini désormais, loin des caméras. Mais y a-t-il une responsabilité de l'éleveur ? A-t-il sciemment distribué de la farine animale à ses animaux pour augmenter leurs performances et donc son revenu ? Auquel cas ce qui lui arrive ne serait qu'un juste retour des choses.

La réponse est non : les éleveurs de bovins ne savaient pas que l'aliment qu'on leur vendait contenait des farines de viande, et encore moins qu'elles pouvaient présenter un danger pour leurs bêtes – et pour les humains. Ces farines de viande n'ont en effet pas leur place dans l'alimentation des bovins qui ne sont pas des carnivores. Cet aliment frelaté est contre nature pour des ruminants. C'est par « mercantilisme », parce que ces protéines animales provenant de la farine de viande étaient bon marché, que les industriels les ont utilisées dans leurs aliments composés. Mais beaucoup d'éleveurs ne le savaient pas : cette farine se cachait dans la rubrique

« divers » mentionnée sur les étiquettes. Et pourquoi l'éleveur se serait-il méfié de ces « divers » ?

Parce qu'il ne raisonne plus assez par lui-même. C'est hélas l'aboutissement d'une autre histoire, celle de la dérive du métier de paysan provoquée par le modèle productiviste des années soixante-dix. Que n'écrivait-on autrefois sur le paysan plein de bon sens, rusé et indépendant, maître chez lui, sur son domaine, sa ferme ? Pauvre mais digne, régnant sur sa famille, les récoltes, les animaux. Maître à bord, il décidait seul. Si l'adversité survenait, il ne s'en prenait qu'à lui. Il marchandait les bêtes qu'il vendait, discutait ses achats. Méfiant, il ne s'en laissait pas compter et rabrouait le bonimenteur. Pour croire, il avait besoin de voir.

Mais ce paysan – que j'ai connu – n'existe plus. Il est devenu agriculteur, agro-manager, docile exécutant de tout un monde de techniciens, gestionnaires, conseils de ceci et de cela, que la banque tient comme au bout d'une laisse. Le paysan, illettré ou au mieux doté du certificat d'études, qui avait tout dans la tête, le poids de sa bête et le prix qu'elle valait, qui sentait venir la pluie ou le beau temps, les floraisons et le moment opportun de la récolte, ce paysan têtu et fier, debout, ressemble plus aujourd'hui à un handicapé que la coopérative conseille en permanence, dont la chambre d'agriculture fabrique les dossiers, les conseillers de gestion gérant dépenses et investissements. Le marché au cadran vend les bêtes, les groupements les semences et les engrais. Bref, le paysan à diplôme – c'est paradoxal – n'est plus sur sa ferme qu'un exécutant qui trait les vaches et conduit le tracteur. À lui le travail ingrat, d'autres pensent et gèrent à sa place.

Ainsi, c'en est fini de tout ce qui faisait la plénitude de ce beau métier : se réaliser dans le travail manuel et intellectuel ; le paysan adroit de ses mains et astucieux était en même temps agronome, vétérinaire, météorologue et gestionnaire ! De concert avec sa femme, bien entendu : en matière de gestion, c'est elle qui tenait la bourse !

La disparition de ce paysan-là est à mon avis le résultat le plus triste de l'évolution de ces trente dernières années. Ne serait-ce pas là, d'ailleurs, la véritable cause, lointaine et profonde, de l'apparition de la vache folle ? Étrange évolution. La fulgurante aventure des CETA des années cinquante, où des paysans éveillés et solidaires mettaient en marche le progrès pour sortir du sous-développement, se termine sur ce gâchis : de pauvres agriculteurs, énervés, réclamant sans cesse, débordés de soucis et exténués par les heures de tracteur !

Comment cela est-il arrivé ? Au moment où les CETA étaient à leur apogée au début des années soixante, où les techniques nouvelles d'alors étaient bien maîtrisées – je rappelle les prairies, les porcheries danoises –, leurs agriculteurs (une vingtaine par équipe) représentaient un vivier de connaissances, d'imagination, de volonté créatrice. Mais ces gens ont découvert qu'il ne suffisait pas de bien produire, il fallait aussi bien vendre et gérer par des méthodes modernes. Ils ont alors initié, créé des coopératives[2], des groupements de producteurs et des centres de gestion. Ils se sont donnés à plein pour ces nouvelles tâches, créant même des comités de développement de leurs régions. L'aspect économique prime alors sur l'aspect technique, abandonné aux techniciens des chambres d'agriculture et de l'industrie, parce que l'« on ne peut pas tout faire ».

---

2. Signalons que, dans la convention collective nationale des coopératives, ils ont indexé sans y prendre garde le salaire des directeurs sur le chiffre d'affaires de la coopérative au lieu de l'indexer, par exemple, sur la valeur ajoutée. Voilà qui explique la dérive du gigantisme des coopératives.

Les CETA en sont morts. « Ce bruit que fit la grande armée... » Hélas ! Des vingt-quatre CETA des Côtes-d'Armor, un seul a survécu, qui fête cette année ses quarante-sept ans. Il a survécu parce que j'y ai cru et l'ai porté à bout de bras pendant plus de trente ans. Il a survécu parce que des jeunes ont été conquis par notre réussite et ont pris la relève. Mais comment oublier que ce CETA de Corlay a été le tremplin pour tant d'autres responsabilités ? Mon prédécesseur à la présidence était devenu un des responsables de la chambre d'agriculture du département, moi-même administrateur de la caisse régionale du Crédit agricole et président d'une coopérative. Mon successeur préside les groupements bretons de producteurs de viande, et le président suivant est l'actuel responsable « environnement » à la chambre d'agriculture. Ils sont mes élèves et ils me doivent d'être là où ils sont, même s'ils me combattent aujourd'hui !

Mais la fin du développement de ces années-là a une autre cause, politique celle-là. On la doit à Edgard Pisani, ministre de l'Agriculture du général de Gaulle jusqu'en 1966-1967. Jusqu'alors, le développement agricole était assuré directement par l'État : ses Directions des services agricoles (DSA) quadrillaient le territoire en autant de « foyers de progrès ». Ingénieurs de haut niveau, bons pédagogues, les hommes des services agricoles étaient vraiment au service des agriculteurs tout en restant au service de l'État, c'est-à-dire de la collectivité publique. Je leur dois beaucoup. Hélas, trois fois hélas ! Pisani supprima ces Directions des services agricoles et confia le développement agricole à la profession agricole elle-même qui, bien entendu, le réclamait. Celle-ci est ainsi devenue juge et partie, propulsant un développement corporatiste soucieux avant tout de filières à mettre en place, de chiffre d'affaires et de réussite pour les exploitations les plus performantes. Car les petits agriculteurs ont été les laissés-pour-compte de cette affaire.

Les chambres d'agriculture sont désormais des partenaires incontournables devant lesquels l'État s'incline. Tenant le monopole de la vulgarisation, elles ont imposé leur modèle de production. Résultat : quand l'Assemblée nationale vote en 1999 une nouvelle loi d'orientation agricole créant un contrat territorial d'exploitation (CTE)[3] – enfin une riche idée ! –, son application se heurte aux chambres d'agriculture qui en sabotent l'esprit. Au lieu d'être l'instrument d'une réorientation des exploitations agricoles vers un développement durable, le CTE devient un nouveau moyen d'obtenir des subventions supplémentaires : « Le beurre et l'argent du beurre ! » Un bassin versant décide-t-il d'actions auprès des agriculteurs pour reconquérir la qualité de l'eau ? Ce sont les conseillers de la chambre d'agriculture, seuls présents sur le terrain, qui en récupèrent la gestion, et comme ils sont sous la coupe de dirigeants qui ne croient qu'au maïs-lisier, le bassin versant peut attendre longtemps l'eau pure ! Oui, je le crois sincèrement, et je ne suis pas le seul à penser ainsi, la délégation de la vulgarisation technique à la profession agricole a été une faute dont nous subissons les conséquences aujourd'hui. C'est sans doute l'une des causes profondes de la dérive productiviste. Et c'est aussi une des raisons pour lesquelles l'agriculture persiste dans l'impasse, malgré les catastrophes connues.

L'Organisation générale de la malbouffe...

Dans le même temps où éclate l'affaire de la vache folle, l'opinion publique découvre les organismes génétiquement modifiés (OGM). Pas de chance pour les firmes

3. Cette loi d'orientation entend plafonner l'aide publique aux exploitations agricoles les plus riches et redistribuer cette aide aux exploitants signant un contrat territorial d'exploitation (CTE) par lequel ils s'engagent à respecter l'environnement ou à défendre l'emploi.

qui ont investi des milliards dans ces OGM : échaudé par la vache folle, le public est devenu extrêmement méfiant. Avant la vache folle, les OGM seraient sans doute passés comme une « lettre à la poste ». Depuis cette affaire, le consommateur rechigne et toute la publicité des firmes pour démontrer les bienfaits des OGM et leur non-nocivité n'y change rien.

Les lobbies veulent nous faire avaler les OGM

Reste que les OGM sont déjà là. Ils sont arrivés en Europe et dans notre assiette depuis des années, par le soja américain, un soja transgénique que mangent nos poules, poulets, cochons, veaux, vaches – toujours le couple maudit maïs-soja ! Et donc, à travers la viande et le lait, nous avons consommé des OGM. Et aussi à travers nos friandises parce que le soja et ses dérivés ont envahi toute notre chaîne alimentaire. De plus, une bonne partie de ce soja doit être importée, notamment des États-Unis. Un comble pour un pays riche comme la France ! Nous importons chaque année plus de 4 millions de tonnes de soja (28 millions de tonnes pour l'Europe). Où est notre autonomie alimentaire ? Que l'oncle Sam décide d'un embargo sur ses exportations de soja et tous nos élevages seront en manque. Il détient là une arme alimentaire d'une implacable efficacité... tant que nous nous obstinons dans notre mode de production actuel. Insensé !

Comment les dirigeants européens ne l'ont-ils pas vu ? Au contraire, ils ont tout fait pour aggraver cette dépendance : encouragements à l'élevage industriel en subventionnant ses exportations ; subventions au maïs-ensilage (2 500 francs par hectare désormais) au détriment de l'herbe. Or, pour faire une ration alimentaire équilibrée, il faut importer 2 tonnes de soja pour chaque hectare de maïs produit. Alors que l'herbe, elle, est un aliment naturellement équilibré, idéal pour produire du lait et de la viande. Au printemps et à l'automne, la prairie regorge de protéines ! Il est donc évident que si nous voulons reconquérir notre indépendance en protéines, il faut revenir à l'herbe pour la nourriture de base des bovins et ovins. *Idem* si nous ne voulons pas du risque OGM. D'ailleurs, seuls le lait et la viande produits à partir de l'herbe redonneront confiance au consommateur[4]. Voilà donc trois bonnes raisons qui devraient inciter l'Europe à reconvertir la prime actuelle au maïs-fourrage en une prime à l'herbe.

Alors, incompétence ou roublardise ? On est effaré d'entendre le gouvernement français, bientôt suivi par l'Europe, déclarer au moment d'interdire les farines animales pour lutter contre l'ESB : « Ces farines animales incinérées représentent plus d'un million de tonnes de soja à importer en plus en France, et nous allons non seulement accroître notre dépendance en protéines mais substituer le danger OGM au danger prion. » Mais, Monsieur le ministre, cultiver 1,4 million d'hectares de maïs-fourrage nécessite d'importer 2,8 millions de tonnes de soja pour équilibrer la ration des vaches qui consomment ce maïs-fourrage. Remplacez-les par 1,4 million d'hectares de prairies et nous économiserons ces importations de soja ! Car les protéines sont dans le pré. Mais cela suppose de supprimer la prime au maïs-fourrage et de la remplacer par une prime à l'herbe pour inciter les éleveurs à se reconvertir. Question de cohérence et de bon sens. De courage politique aussi, pour affronter les lobbies du maïs-soja...

Cela dit, le consommateur a-t-il raison de craindre pour sa santé en mangeant des aliments génétiquement modifiés ? Des scientifiques affirment qu'il n'y a pas de

4. Les producteurs de comté, qui s'interdisent l'ensilage de maïs pour l'alimentation de leurs laitières, ont bien compris cet avantage.

risques, d'autres que le principe de précaution devrait s'appliquer car nos connaissances sont limitées et nous n'avons pas de recul. Ainsi, des médecins, tel le professeur Bernard Herzog[5], affirment que les aliments génétiquement modifiés modifient à leur tour l'équilibre interne édifié au cours des millénaires chez les êtres vivants que nous sommes, en particulier l'équilibre de ces milliards de bactéries qui nous constituent. Ils affirment même que de graves dérèglements sont déjà constatés chez certains patients. Par ailleurs, personne ne nie plus le danger des antibiotiques utilisés comme marqueurs dans le maïs génétiquement modifié de Novartis.

Du point de vue environnemental, les risques sont, eux, avérés. Par exemple, un colza résistant au Roundup (un herbicide puissant) transmettra par dissémination de son pollen sa résistance à des plantes cousines mais concurrentes, comme la ravenelle, qui résisteront donc désormais au désherbage. Le même risque existe pour les plantes OGM rendues plus résistantes aux insectes parasites, par exemple. Du coup, il est prévu que la résistance nouvelle apportée par modification génétique aux variétés cultivées soit d'une durée limitée. Mais alors, à quoi bon courir tous ces risques ? Pourquoi, si ce n'est pour rentabiliser les capitaux investis par les trusts de la biochimie ?

Mais le coup a manqué grâce aux... consommateurs européens qui ont protesté, suivis par les Japonais maintenant – et même les Américains se réveillent ! Pour un produit alimentaire, la certification « non-OGM » devient un formidable avantage commercial. Et logiquement, le soja brésilien, garanti sans OGM, s'en trouve privilégié. Invité au Rio Grande do Sul en 1999, je disais aux Brésiliens · « Interdisez les OGM sur votre territoire et vous aurez une rente de situation pour la commercialisation de

5. *Le Transgénique. Les premiers signes d'une catastrophe*, Le Cram, Montréal, 2000.

votre soja. Vous allez enfoncer les Américains.» C'est ce qui est en train de se produire : à la demande de la grande distribution, les bateaux de soja brésilien garanti sans OGM accostent à Lorient.

L'affaire est donc bien mal partie pour les firmes qui ont investi dans les OGM, parce que, en définitive, c'est le consommateur qui décide. Quand il s'organise. Mais il faut rester vigilant car ces firmes ne vont pas de sitôt baisser les bras et leurs moyens d'intoxication, de propagande, voire de corruption, sont colossaux.

Les apprentis sorciers

L'affaire des poulets à la dioxine, en 1999, est plus abracadabrante. Un industriel belge aurait employé de l'huile frelatée dans l'alimentation de ses poulets. Que des Bretons importaient en les revendant garantis «fabriqués en Bretagne». Or ces poulets contenaient de la dioxine *via* les huiles de vidange qu'ils avaient consommées. Cette horrible affaire a coûté cher aux Belges et à toute la filière poulets – certains ne s'en relèveront pas. En outre, à la même époque, on découvre que des industriels ne s'embarrassent guère de leurs déchets, qu'ils les recyclent dans les fameuses farines animales.

Scandales dus à des truands ? Pas seulement. Tout à fait légalement, nos usines d'incinération de déchets ménagers crachent tous les jours de la dioxine. Cette substance retombe sur les prés et les champs environnants. C'est ainsi que l'on retrouve de la dioxine dans le lait des vaches pâturant près de ces usines. Même chez les vaches appartenant à des agriculteurs biologiques : les retombées atmosphériques ne font pas le tri entre les fermes bio et les non-bio. Il y a donc une sacrée mauvaise foi à invoquer ce problème de dioxine pour discréditer les produits de l'agriculture biologique, puisqu'elle nous tombe du ciel ! On oublie évidemment de signaler que le cahier des charges bio interdit tous les pesticides de synthèse, ces 450 molécules employées sans discernement dans l'agriculture conventionnelle. Il est navrant que l'UFC-Que Choisir ait participé à cette confusion !

Les dangers du « zéro bactérie »

Et puis, régulièrement, la listériose[6] fait la une de l'actualité. Haro sur les fromages au lait cru ou autres fleurons de notre terroir ! La fromagerie Petit en Normandie en sait quelque chose. Mais, là aussi, intox ! Il est prouvé maintenant qu'il y a plus de listérioses aux États-Unis, pays de l'aseptisation généralisée, que chez nous ! Facile à comprendre : il y a les bons et les mauvais microbes. Si vous aseptisez tout, il suffit qu'un germe pathogène pointe son nez pour qu'il occupe totalement le terrain (puisqu'il n'y a plus de « bons » microbes pour limiter son développement), et c'est la maladie. D'où le danger de cette conception américaine du « zéro bactérie », contraire au principe d'équilibre biologique de la nature qui repose sur l'activité, la vie de milliards de bactéries. Prétendre protéger la santé du consommateur par une destruction des microbes est une vue de l'esprit. Le meilleur garant de notre santé et de celle des animaux est au contraire le maintien d'un bon microbisme, garde-fou naturel des germes pathogènes.

Gardons-nous donc de tout détruire à grand renfort d'eau de Javel et autres produits antiseptiques. En alimentation comme en agriculture, le progrès devrait se fonder sur le respect des équilibres écologiques, et non sur une artificialisation des milieux vivants.

---

6. Intoxication alimentaire, qui peut être mortelle chez des sujets fragiles, due à une bactérie (*listeria*) présente naturellement dans les aliments mais qui peut se développer de façon anormale en cas de mauvaise conservation.

Utopie, me direz-vous ? Effectivement, ce serait le cas s'il n'existait pas d'autres modes de production agricole ou alimentaire. Mais ceux-ci existent, qui ont fait la preuve que l'on peut concilier performance économique et respect des équilibres écologiques. La « malbouffe » n'est pas une fatalité ! À condition de faire d'autres choix techniques et politiques.

II.
Pour en sortir

5.

L'agriculture durable, c'est possible!

Pendant toutes ces années de productivisme triomphant, d'autres choix étaient possibles. Que n'a-t-on écouté les quelques voix discordantes qui, dès la fin des années soixante-dix, se sont élevées ? Jean-Claude Pierre, fondateur de l'association Eau et Rivières ; Jacques Poly, directeur général de l'Institut national de la recherche agronomique... Moi-même, je me revois en 1980 lors d'un débat houleux à Plessala, petit bourg du centre Bretagne, m'exclamant « La Bretagne est mal partie ! » évoquant l'eau en danger, le paysage saccagé par les arasements et les drainages intempestifs, les silos et les frigos regorgeant d'excédents, la concentration des exploitations et l'appauvrissement du tissu rural, dénonçant la culture de maïs-fourrage, déclarée sinistrée une année sur deux et subventionnée en conséquence, dénonçant les porcheries industrielles et les « poulets-export »...

Joli tollé ! Mes propos, repris par la presse régionale, dérangent d'autant plus que j'ai acquis une certaine notoriété grâce à ma réussite professionnelle et à l'aura du CETA de Corlay. Dans les années soixante, les paysans accouraient de toute la Bretagne visiter ma petite ferme qui réussit si bien – jusque trois autocars en même temps ! Comme j'ai sillonné le département pendant mes années de militant à la Jeunesse agricole catholique, on me sollicite partout pour prendre des responsabilités (au point d'être parfois élu, à bulletin secret, sans être candidat ni même présent à la réunion !) : président de la section bovine de la coopérative agricole, responsable syndical, conseiller municipal, administrateur de la caisse régionale du Crédit agricole... Bref, je suis alors un notable. Qui plus est, mon engagement au Parti socialiste, dont je suis membre de la commission nationale agricole, est connu. D'où le branle-bas soulevé par mes propos et l'intérêt qu'ils suscitent.

Certains crient au scandale, d'autres approuvent, mais le débat est lancé et pris au sérieux. Quand, en 1981, je résume mes vingt-cinq années d'expérience dans *La Prairie temporaire à base de trèfle blanc*[1], M. Février, directeur de l'INRA, m'écrit : « C'est la gloire ! » De fait, le livre est publié par l'Institut technique de l'élevage bovin (ITEB), il est préfacé par Maurice Le Lannou, membre de l'Institut et de l'Académie des sciences politiques et morales (qui écrit : « J'ai trouvé dans ce petit ouvrage, mais transposée à la moderne, toute une éthique rurale qui faisait le fonds des vieilles *Géorgiques* »), ainsi que par Jacques Pluvinage, agronome réputé. Le secrétaire général de l'INRA conduit sur ma ferme, à Saint-Bihy (Côtes-d'Armor), une délégation de tous ses centres de recherche. L'Association française pour la production fourragère consacre le trèfle blanc en en faisant le thème de son assemblée générale. J'y expose ma technique, et suis présenté comme un « chercheur-paysan ». Dans la foulée, je reçois médaille et diplôme de l'Académie d'agriculture.

1. Éd. CEDAPA, 1981 (4e éd., 1996).

Un programme de suivi de ma méthode est mis en route sur cent exploitations bretonnes et dans des fermes expérimentales. Ma ferme de Saint-Bihy devient un lieu de « pèlerinage », et je suis invité à exposer ma méthode dans les écoles d'agriculture et les centres de vulgarisation.

L'expérience du CEDAPA

Fort de ce succès et de l'écho rencontré, j'envisage alors la création d'une association pour un développement agricole autonome et j'en parle à Charles Josselin, président du Conseil général des Côtes-d'Armor, qui me relance lui-même six mois plus tard : « Allez-y, c'est le moment, on vous aidera ! » Le directeur de la Direction départementale de l'agriculture, M. Adam, m'encourage également, ainsi que François Colson, jeune conseiller au cabinet d'Édith Cresson, alors ministre de l'Agriculture (et aujourd'hui conseiller de Jean Glavany).

En octobre 1982, je rassemble donc sept amis agriculteurs et nous créons le Centre d'étude pour un développement agricole plus autonome (CEDAPA). Premier objectif : montrer qu'on peut produire autant en dépensant moins ! Donc avec plus de valeur ajoutée. Vivre et s'installer sur des exploitations plus petites, avec des élevages moins importants, donc maintenir des exploitations nombreuses et prospères, et conforter l'emploi et le tissu rural. Et polluer moins en dépensant moins d'intrants (engrais, pesticides, aliments du bétail...). Car reconquérir la qualité de l'eau et de nos aliments est notre deuxième objectif. Enfin, troisième objectif, produire d'une façon plus autonome, c'est être moins dépendant du soja américain mais c'est aussi piller moins le tiers monde. Tout un programme !

Les moyens prévus sont simples : revenir aux règles élémentaires de l'agronomie (un journaliste, rendant compte de notre première assemblée générale, titra

« L'agronomie retrouvée »). Ces règles élémentaires se déclinent en quelques points clés que j'ai développés dans mon livre *Les Champs du possible. Plaidoyer pour une agriculture durable*[2] : un équilibre entre le sol, les plantes et les animaux ; une bonne rotation des cultures, avec des plantes adaptées au sol et au climat ; des animaux logés sur litière et des herbivores nourris... à l'herbe ! Le retour à la prairie pour alimenter nos vaches et nos brebis est évidemment notre « force de frappe », puisque nous avons la méthode pour produire beaucoup d'herbe tout au long de l'année, et une herbe de qualité exceptionnelle permettant de produire du lait et de la viande en quantité.

De surcroît, comme nous n'y mettons pas d'engrais azoté, l'économie est de 2 000 francs à l'hectare par rapport au système conventionnel, comme le prouvent le suivi comptable des exploitations du CEDAPA, les résultats des fermes expérimentales et les travaux de l'INRA.

Notre équipe se met immédiatement au travail et six mois plus tard le CEDAPA sort sa première étude, « S'installer avec 20 vaches sur 16 hectares ». Un jeune agronome rejoint notre équipe en mai 1983 et d'autres études suivent : « S'installer avec 24 truies sur 24 hectares », « S'installer en vaches allaitantes, c'est possible », « Vivre du mouton », « S'installer avec un quota de 100 000 litres de lait », « Fourrages, grains et coûts de production »[3]. Le CEDAPA est d'emblée pris au sérieux. Notre action se situe à trois niveaux :

– aider à l'installation des jeunes : les études du CEDAPA sont des outils technico-économiques pour les jeunes qui nous rejoignent ;

– vulgariser : conférences, journées de formation, soirées de vulgarisation, interviews, reportages dans la presse agricole et interventions dans les écoles d'agriculture ;

2. Syros, Paris, 1999 (2e éd.).
3. Cette dernière étude est un outil de travail pour les adhérents du CEDAPA.

– prêcher par l'exemple : tout cela ne serait que du vent si nous ne montrions l'exemple dans nos propres exploitations, des exploitations qui parfois reviennent de loin !

La preuve par l'herbe

En 1982, le vice-président du CEDAPA avait une moitié de sa ferme en maïs-ensilage, l'autre en ray-grass d'Italie avec de gros apports d'azote : la démonstration n'en fut que meilleure, et son exploitation l'une des plus visitées, après son passage aux prairies de trèfle blanc. Moi-même, qui suis pourtant le pionnier, je terminais encore l'engraissement de mes jeunes bovins avec du maïs-soja. Quand, en 1985, je passe à une finition au foin et aux céréales, le gain moyen quotidien (GMQ) de mes bêtes passe de 1 100 à 1 400 grammes par jour. La suppression totale de maïs-fourrage sur la ferme me permet d'économiser 30 000 francs pour une production de viande équivalente en quantité mais bien meilleure en qualité. Et cette qualité étant reconnue, on me paie ma viande 1,50 franc de plus au kilo !

Tout ceci est contrôlé et analysé par les techniciens de la chambre d'agriculture et de l'Établissement départemental de l'élevage (EDE). De 1982 à 1991, date de mon départ en retraite, ma ferme de Saint-Bihy a été l'une des plus suivies du département, faisant partie du réseau de référence « Éleveurs bovins demain ». Que n'aurais-je subi si l'on avait trouvé une faille !

Puis l'équipe du CEDAPA s'est agrandie : nos interventions dans les écoles intéressent des élèves, qui viennent en stage dans nos exploitations. Ils s'installent ensuite en s'inspirant de nos études et sont de nouveaux adhérents pour l'association. Les visites organisées par les groupements de vulgarisation sur nos exploitations portent aussi leurs fruits. Écoutons Patrick Le Fustec, l'actuel président du CEDAPA : « Quand j'ai découvert les prairies d'André Pochon, lors de la visite du GVA[4] de Lannion à Saint-Bihy, je me suis dit : "Si, lui, il fait ça je peux le faire aussi !" » Pari gagné puisque la ferme des frères Le Fustec, à Plouaret, est depuis vingt ans un modèle de prairies à base de trèfle blanc qui reçoit chaque année des centaines de visiteurs appréciant non seulement ses prairies, mais aussi sa réussite économique et humaine.

Même parcours chez Yvette et François Clément, éleveurs de moutons à Trémargat, l'une des communes les plus pauvres du département : même réussite économique et humaine, qui entraîne la commune tout entière. Tous les agriculteurs de Trémargat sont adhérents au CEDAPA. Conséquence heureuse : l'analyse des eaux de son bassin versant, suivie durant cinq années par l'INRA, montre qu'il n'y a pas de pesticides dans les eaux de Trémargat ! Le CEDAPA doit beaucoup à ces jeunes pionniers qui sont venus rejoindre l'équipe des sept fondateurs.

Aujourd'hui, le CEDAPA, c'est 400 éleveurs en Côtes-d'Armor, répartis en sept équipes locales. Son cahier des charges a servi de modèle pour les plans de développement durable (PDD) initiés en 1990 par le ministère de l'Agriculture, et il est agréé comme contrat territorial d'exploitation (CTE) que 128 agriculteurs situés sur les bassins versants du Gouet, de l'Arguenon et du Haut-Blavet expérimentent depuis cinq ans.

Ses résultats ne souffrent aucune contestation. À la suite d'un programme de recherche-action avec le CEDAPA et le Conseil général des Côtes-d'Armor – au cours duquel vingt-sept fermes ont été suivies –, l'INRA a clairement établi la pertinence de la méthode CEDAPA pour le revenu

4. Groupement de vulgarisation agricole.

de l'agriculteur, pour la qualité de l'environnement et pour la qualité de vie[5].

Le réseau Agriculture durable s'étend en France

Est-ce faisable ailleurs en France ? Bien sûr ! L'aventure du CEDAPA ne se limite pas aux frontières des Côtes-d'Armor. Dans la foulée de nos interventions dans les départements voisins, des associations similaires se mettent en place : le GRAPEA dans les Deux-Sèvres, l'ALDIS en Mayenne, l'ADAGE en Ille-et-Vilaine.... Vingt-quatre associations, représentant 2 000 agriculteurs, sont regroupées actuellement dans le réseau Agriculture durable de l'Ouest, présidé par Jean-Yves Griot, agriculteur en Mayenne. Pas un seul adhérent engagé dans la démarche du développement durable ne voudrait revenir en arrière, même s'il ne bénéficie plus des primes au maïs-ensilage, comme c'est le cas du groupe « Tout herbe de Loire-Atlantique ».

Trois mille personnes visitent les douze exploitations de ce groupe chaque année, dont le président du Conseil général des Côtes-d'Armor, le directeur de la DDA, mais aussi des contrôleurs laitiers qui sont revenus le doigt sur la bouche : « Chut ! Que vos résultats ne se sachent pas, sinon les coopératives vont baisser le prix du lait ! »

C'est que les éleveurs en question ont réduit leur coût de revient du litre de lait de plus d'un tiers, tout en travaillant moins ! Vous visitez une ferme le matin, une autre l'après-midi, et entre les deux vous prenez un repas avec les douze exploitants qui sont là avec leurs épouses détendues et souriantes : « On a le temps maintenant ! » Et

5. La pollution a ainsi diminué des deux tiers après l'adoption de la méthode CEDAPA. Les résultats de cette étude vont paraître très prochainement dans un livre publié par l'INRA : *À la recherche d'un compromis pour une agriculture durable. Étude du système de production laitière herbager et économe en Bretagne.*

Gérard Bescher, un des pionniers, en impose autant par sa simplicité, le bon sens de ses propos que par son résultat d'exploitation : 1,74 franc de revenu brut d'exploitation par litre de lait produit. Le secret ? Toute sa surface exploitée en prairies, ses vaches nourries essentiellement à l'herbe et au foin, et pas de course au rendement. Il ne nourrit plus que 1,25 vache à l'hectare au lieu de 1,8 ; il ne produit plus que 4 500 litres de lait par vache au lieu de 7 000 ; mais les frais de vétérinaire sont divisés par dix et les frais d'alimentation ramenés de 15 % à 5 % du chiffre d'affaires. Si bien que son revenu a augmenté de plus des deux tiers. Même démarche, même résultat chez les onze autres membres du réseau.

Cela n'a rien d'exceptionnel. Par exemple, le journaliste Claude Jouin[6] a relevé l'évolution des résultats d'exploitation de dix fermes vendéennes ayant fait la même démarche que celle du CEDAPA. En cinq ans, leur revenu a augmenté d'un tiers ! Plus parlant encore, ces résultats sont comparés à ceux de la moyenne des fermes conventionnelles de la région : 20 % de mieux, à travail équivalent[7]. Et encore, les fermes conventionnelles reçoivent beaucoup plus d'aides publiques. Sans elles, leur revenu serait inférieur d'un tiers – voire de 60 % pour les plus grandes exploitations spécialisées en céréales – au revenu du travail dans les dix fermes en agriculture durable[8]... Sans commentaire !

Autrement dit, l'agriculture dite performante ne survit que sous perfusion d'aides publiques – l'argent du

6. *Des nouveaux paysans*, Siloé, 2000.
7. Le revenu annuel par unité de travailleur agricole (UTA) est de 130 000 francs en moyenne pour les dix fermes du réseau contre 107 000 francs pour les fermes conventionnelles.
8. Hors primes publiques, le revenu annuel par UTA de ces fermes conventionnelles tombe à 72 000 F, et même 45 000 francs pour le groupe des plus grandes exploitations avec céréales. Le revenu du groupe des dix exploitants en agriculture durable, lui, est encore de 113 000 francs par UTA.

contribuable-citoyen consommateur – quand l'agriculture durable fait la preuve de sa compétitivité économique (pour l'éleveur), de sa qualité (pour l'environnement et les produits alimentaires) sans surcoût pour l'État.

C'est bien un signe de la faillite de l'agriculture productiviste, du ridicule de ceux qui s'obstinent dans cette voie, enseignée et vulgarisée depuis trente ans. On disait aux éleveurs : « Pour être performant, il vous faut produire 8 000 litres de lait par vache et nourrir au moins deux vaches à l'hectare ! » Mais nos éleveurs de l'agriculture durable font tout l'inverse (moins de 6 000 litres par vache, moins de 1,4 vache à l'hectare) et leur revenu est de plus d'un tiers supérieur à celui des soi-disant performants ! Il serait temps de comprendre que la performance technique n'est pas synonyme de performance économique. D'ailleurs, certains éleveurs de nos réseaux, avec le soutien de l'INRA, cherchent de nouveaux moyens pour baisser leurs rendements : par exemple, laisser le veau au pis de la mère durant trois semaines pour « casser le pic de lactation ». Quelle remise en cause ! Quelle révolution !

La preuve est donc faite – et bien faite – que, pour produire économiquement du lait, de la viande (bovine ou ovine), il faut revenir à une alimentation à base d'herbe pâturée et de foin. Le système maïs-soja est une gabegie économique et écologique : il en coûte cinq fois plus de nourrir une vache avec ce système que de la nourrir au pré.

Alors pourquoi, devant ces évidences, l'élevage français ne se reconvertit-il pas ? C'est toujours la question que le public me pose à la fin d'un exposé où je présente ces résultats.

Pourquoi, en effet ? Parce que la génération actuelle a été formée au modèle dominant de l'alimentation « maïs-soja » et de la production d'herbe azotée, à tel point que beaucoup sont incapables d'imaginer qu'on puisse faire autrement. Du lait sans maïs ? Impensable ! De l'herbe sans azote ? Incroyable !

Il y a là d'abord un problème culturel. Que l'on retrouve chez les enseignants et particulièrement chez les responsables d'exploitations agricoles liées aux écoles d'agriculture : force est de constater qu'ils constituent un frein à la démarche « développement durable », pourtant initiée par le ministère de l'Agriculture dans une trentaine de lycées agricoles. Il y a désormais des prairies à base de trèfle blanc sur tout le territoire, sauf dans les écoles d'agriculture ! Le problème, c'est que les jeunes sortent de ces écoles en n'ayant vu et entendu que le modèle productiviste. Ils seront donc soit agriculteurs productivistes, soit techniciens productivistes dont la « capacité de nuisance » sera d'ailleurs plus grande. Sans parler, évidemment, du poids de l'agro-business pour qui, on l'a vu, le maïs-soja est fabuleux mais pas l'exploitation rationnelle des herbages qui permet à l'exploitant agricole de consommer moins d'intrants.

Il faut aussi reconnaître – et je fais amende honorable – qu'au CEDAPA, pendant trop longtemps, nous avons caché nos résultats économiques. Bien sûr par discrétion, car dans le monde agricole il est mal vu d'étaler de bons résultats : sinon, comment réclamer des prix plus élevés ? Un jeune Normand fut exclu du syndicat CDJA (Centre départemental des jeunes agriculteurs) parce qu'il disait publiquement qu'avec sa ferme herbagère, il gagnait très bien sa vie ! Aujourd'hui encore, j'ai beaucoup de mal à convaincre les éleveurs engagés dans notre démarche de communiquer leurs résultats économiques à la presse.

Mais au diable la modestie et le réflexe syndical ! Car il y a urgence à reconquérir notre sécurité alimentaire et notre environnement. En ce qui concerne le lait et la viande bovine et ovine, cette reconquête passe par le retour à l'herbe et au foin comme base du système d'alimentation des animaux. Il n'y a pas d'autre alternative. Une alternative facile à développer, qui résout parfaitement le dilemme entre économie et écologie, comme le dilemme entre indépendance alimentaire et sécurité alimentaire. La richesse est dans les prés, la sécurité est dans les prés, les protéines sont dans les prés.

Évidemment, pas n'importe quel pré. Le métier d'herbager s'apprend comme celui de céréalier. Il faut enseigner aux jeunes, aux éleveurs la technique de l'exploitation rationnelle des herbages : comment réussir une prairie à base de trèfle blanc, sans engrais azoté. Paradoxe : alors qu'André Voisin, agronome-vétérinaire et herbager en Normandie, a dégagé les lois universelles de cette exploitation rationnelle de l'herbe, qu'il est connu dans le monde entier et que son livre *Productivité de l'herbe*[9] est traduit dans toutes les langues, il est aujourd'hui parfaitement inconnu en France. Seules quelques écoles d'agronomie invitent le professeur Marchado, président de l'institut André-Voisin du Brésil à venir présenter la méthode du « Maître » ! Cependant que les jeunes agronomes des États-Unis ou d'Amérique du Sud débarquent chez moi pour s'enquérir de cette méthode. Lors de mes conférences au Brésil, je suis présenté comme le spécialiste de la méthode André Voisin. Méthode considérée comme la base du développement des régions pauvres. Elle permet d'augmenter de 70 % le rendement d'une prairie sans aucune dépense supplémentaire : ça vaut le coup, non ? Et l'implantation des prairies est le meilleur moyen de lutter contre l'érosion des terres du Brésil. Tout un programme. Qui montre que, contrairement à ce que

9. La Maison rustique, Paris, 1964.

veulent nous faire croire les productivistes, limiter en France la course aux rendements ne signifie pas que l'on se désintéresse du sort des pays du tiers monde. Bien au contraire !

Le cochon aussi peut être bon

Évidemment, me dit-on souvent, avec l'herbe, vous réglez le problème de la production laitière ou de la viande bovine ou ovine, mais pour le porc ? C'est une grave question, comme je l'ai montré au début de ce livre, due à la concentration d'élevages industriels qui pose des problèmes écologiques de gestion du lisier, des problèmes économiques et sanitaires de soins aux animaux, etc.

Mettre le cochon sur la paille, pas l'éleveur

Les solutions existent. On a vu que la production hors sol de porcs s'est développée en Bretagne quand elle a, pour son malheur, adopté le système d'élevage hollandais sur caillebotis en ciment. Or on sait aujourd'hui produire du porc sur litière (paille ou autre) qui donne toute satisfaction à l'éleveur et au consommateur, tout en préservant au mieux l'environnement. Un tel élevage est beaucoup plus facile à gérer qu'un élevage sur caillebotis, car il a le mérite de la simplicité. Le bâtiment est un hangar, très éclairé, très aéré et spacieux. On peut y mettre à l'engraissement 100 cochons par case de 120 m² dont on veillera à ce qu'elles aient une forme aussi carrée que possible, sans endroits plus sombres ou avec courants d'air (car le porc y accumulerait ses déjections, et il faut éviter les endroits souillés). La litière doit être sèche partout. Pour cela la moitié de la paille nécessaire à l'engraissement des porcs (durée : trois mois) est disposée avant que les porcelets arrivent, soit 3 tonnes de paille pour 100 cochons :

quinze *rounds*[10] posés sur leur bout, on enlève seulement les ficelles, pour le reste le cochon se débrouille ; au bout de six semaines, on ajoute la moitié du reste, soit sept à huit *rounds*, de la même façon ; et trois semaines après, le reste. Enfantin, à la portée de tout éleveur. Et le résultat est spectaculaire. La grosse quantité de paille du départ entre en fermentation, la température monte à 50 °C dans la litière : ce n'est pas du fumier mais une litière sèche qui composte sous les cochons. Et dans un compost, il n'y a pas d'odeurs.

Ce type de porcherie n'incommode pas le voisinage, ni l'éleveur. C'est pourquoi les associations de défense pour l'environnement, comme la Coordination nationale contre l'élevage industriel, le préconisent. Les éleveurs qui le pratiquent estiment avoir moins de travail qu'avec le système de caillebotis. Les investissements sont réduits d'un tiers environ (de moitié si le lisier doit être traité). L'éleveur travaille dans des conditions plus agréables : plus de clarté, pas d'odeurs, des porcs moins agressifs. Dans ces conditions, la viande est de meilleure qualité, sans antibiotiques car les problèmes sanitaires sont rares (d'ailleurs, le porc sur litière de paille est obligatoire dans les cahiers des charges en agriculture biologique ou sous label rouge). De plus, cette viande de qualité est recherchée, donc mieux payée.

Avantage écologique, le compost qui sort de la porcherie est un excellent engrais-amendement pour la terre : en plus de la potasse, du phosphore, il contient de l'azote organique et surtout de l'humus si nécessaire au sol. Mieux encore, on sait maintenant que le compostage élimine l'azote minéral, forme qui se lessive beaucoup plus que l'azote organique. Dans des zones d'excédents

10. Grosses bottes de paille en forme de meules rondes.

de déjections comme la Bretagne, on a là un moyen gratuit d'élimination de l'azote excédentaire. Autrement dit, ce que l'on fait à grands frais en traitant le lisier, on l'obtient naturellement par le compostage. Et, comme dans une station de traitement, l'azote volatilisé retourne dans l'atmosphère sous forme d'azote atmosphérique, ce qui ne gêne personne. C'est ce qu'a prouvé l'expérimentation pratiquée à la station de recherche INRA du Rheu, près de Rennes.

Bref, comme pour l'élevage bovin, on a donc une alternative crédible au modèle actuel de porc industriel, alternative qui concilie économie, écologie et sécurité alimentaire. On peut même y ajouter une économie d'énergie électrique considérable (pas de ventilation forcée et moins d'éclairage dans la porcherie).

Dans la région de Lamballe, en plein cœur du modèle productiviste, plus de trente porcheries sur litière fonctionnent (tantôt avec de la paille, tantôt avec de la sciure[11]). Ces trente porcheries sont soit des porcheries nouvelles, soit des porcheries ayant abandonné le caillebotis. Le préfet des Côtes-d'Armor a visité ces porcheries, des télévisions, des journaux ont fait des reportages. Le Conseil général s'y intéresse particulièrement et a décidé récemment de subventionner les reconversions de porcheries sur caillebotis jusqu'à hauteur de 120 000 francs. L'Agence de l'eau Loire-Bretagne envisage, elle, de subventionner cette reconversion au même titre qu'elle subventionne le traitement du lisier contre la pollution de l'eau. Le ministère de l'Environnement met à l'étude la définition de nouvelles normes « azote » pour les litières bio-maîtrisées. L'INRA demande que le compost ainsi obtenu soit considéré comme un engrais-amendement commercialisable comme

11. La même case permet d'utiliser les deux substrats dans les mêmes conditions. Sauf que, avec la sciure, tout le substrat est mis au départ et suffit pour l'engraissement d'un lot de porcs, voire de deux à trois lots de suite.

tel. Nul doute que de nombreuses régions céréalières, viticoles et maraîchères en panne d'humus seront intéressées par cet engrais-amendement de haute valeur fertilisante. Les agriculteurs biologiques seront bien entendu les premiers intéressés.

Voilà donc une affaire bien partie. C'est d'ailleurs la seule voie pour sauver la filière porcine bretonne. Et pourtant – incroyable mais vrai ! –, l'ensemble des organisations professionnelles préfère continuer à conseiller le système de porcherie sur caillebotis plutôt que de soutenir la reconversion vers des élevages sur litière ! Pas un dirigeant agricole de haut niveau ne s'est déplacé pour voir une porcherie sur litière, ni le président de la chambre d'agriculture. Quant aux grosses coopératives, malgré les reportages pourtant fréquents dans les revues techniques et les encouragements de l'Institut technique du porc, elles font la sourde oreille.

Alors pourquoi ? Pourquoi ce refus de voir, de s'informer ? Comment peuvent-ils être si peu au courant des travaux de l'INRA sur la dénitrification de l'azote sous litière ? « Litière ou lisier, c'est toujours de l'azote ! » soutiennent-ils. On reste pantois devant tant d'incompétence. Sont-ils même à la hauteur de leurs responsabilités ? En tout cas, ils mènent la filière et toute l'économie agricole régionale droit dans le mur. Ou alors, serait-ce que le modèle productiviste tourne pour lui-même, parce que le souci des dirigeants de coopératives n'est pas le revenu de l'éleveur mais le chiffre d'affaires de leurs coopératives. Le chiffre devenu une fin en soi ? Ne dit-on pas que le système est bien rodé, que la vente des produits vétérinaires paie le technicien de la coopérative, que la vente des caillebotis rapporte gros, et que les porcheries sur paille sonneraient le glas de ces rentes de situation ?

Mais quand donc les éleveurs se réveilleront-ils, raisonneront par eux-mêmes, et comprendront qu'on les mène en bateau ? Il est vrai que beaucoup ne peuvent lever le petit doigt car ils sont prisonniers de leurs dettes à la coopérative. Et que d'autres ont peur des représailles insidieuses : livraison de porcelets mal en point, d'aliments défectueux, retard dans les enlèvements de porcs engraissés... Les moyens de coercition dont dispose une coopérative sont nombreux.

Halte au détournement des lois

Regardons les choses en face. L'avenir est à l'alternative : l'élevage sur caillebotis, technique polluante et indigne où l'animal vit en permanence sur la fosse à lisier, ne résistera pas au mouvement des citoyens-consommateurs. Et ces problèmes de pollution par le lisier de porc ou de la qualité de la viande ne butent pas sur des obstacles techniques ou économiques. Le blocage est politique.

Car l'alternative technique a fait ses preuves, comme l'a confirmé officiellement le rapport du cabinet d'études parisien Asca à qui, en 1990, le conseil général des Côtes-d'Armor avait confié l'étude préparatoire au plan départemental pour l'environnement : « Si le département continue dans le modèle maïs-lisier, élevage industriel, il va droit dans le mur », diagnostiquait ce cabinet, et son rapport concluait que la réponse environnementale et économique passait par l'adoption des préconisations du CEDAPA.

Or, si le Conseil général a bien essayé d'inverser la mécanique productiviste et a soutenu le CEDAPA, le lobby des coopératives et des industriels, appuyé par la chambre d'agriculture, est demeuré le plus fort, s'obstinant dans son modèle périmé et dangereux.

Or, plus l'on tarde à aller résolument vers le porc sur litière et le système fourrager fondé sur les prairies, plus les dégâts sur l'environnement s'accroissent, et plus la facture sera lourde. Ce serait le scénario « catastrophe » qu'avait décrit le cabinet Asca. Aussi, il faut le dire haut et fort : ceux qui encouragent encore aujourd'hui l'élevage de porc sur caillebotis sont des criminels qui engagent les éleveurs dans une impasse totale, non seulement économique mais sociale : car comment vivre sereinement dans un environnement hostile, dans un voisinage qui sans cesse vous montre du doigt ?

On peut espérer que l'élevage industriel ne résistera pas au mouvement des citoyens-consommateurs. Il est aussi probable que l'Union européenne interdira un jour prochain (deux ans, cinq ans ?) l'élevage sur caillebotis. Mais cela suffira-t-il quand on sait l'habitude fâcheuse des lobbies à contourner les lois ?

Car, de fait, si la réglementation sur les installations « classées » (établissements industriels ou agricoles présentant un risque pour la population ou l'environnement) avait été scrupuleusement appliquée, la situation ne serait pas aussi dégradée.

En effet, les éleveurs ont, pendant dix ans, détourné la loi, en produisant 100 porcs à l'hectare au lieu des 40 autorisés. Pour cela, il leur a suffi de remplacer, dans le texte de la réglementation de 1976, l'expression « 40 *porcs* produits à l'hectare » par « 40 *places de porcs* produits à l'hectare », et le tour était joué ! Puisque, en une année, on a le temps d'engraisser à peu près 2,5 porcs par place, 40 places en porcherie permettent d'élever 100 porcs dans l'année au lieu de 40. Habile combine qui valait pour les quatre départements bretons avec la connivence de l'administration.

C'est un petit billet que j'ai publié dans le courrier des lecteurs du quotidien *Ouest-France*, en 1986, qui donna l'alerte, et des représentants de l'administration centrale du ministère de l'Agriculture vinrent dans les Côtes-d'Armor pour remettre les pendules à l'heure.

Mais croyez-vous que cela a suffi ? Quinze ans plus tard, je découvre que les autorisations et les régularisations de porcheries sont accordées sur des dossiers délibérément

« arrangés » : les prévisions de déjections sont systématiquement minimisées ; les prévisions de rendement des cultures sont, elles, surévaluées (ce qui permet de faire croire que ces cultures ont besoin de beaucoup de lisier pour leur fertilisation). À l'arrivée, la porcherie est autorisée, et l'éleveur peut alors épandre le double, voire le triple de ce qu'utilisent, en réalité, ses récoltes – d'où une pollution fantastique –, en toute impunité puisqu'il dispose d'une autorisation signée du préfet [12]...

Et pendant ce temps des milliards de francs sont dépensés en vain pour la reconquête de la qualité de l'eau (PMPOA, Bretagne eau pure n° 1, n° 2 et n° 3...) ! C'est l'histoire du tonneau des Danaïdes qui se vide par un bout à mesure qu'on le remplit par l'autre. Or, ce détournement de la réglementation se fait avec la connivence du groupement des producteurs qui monte le dossier d'autorisation d'exploitation de la porcherie, et les services de l'État. Les préfets successifs n'y voient que du « bleu » ! Mais ce détournement se fait aussi avec la bénédiction de la chambre d'agriculture qui défend ces dossiers au Comité départemental d'hygiène (CDH) alors qu'elle sait parfaitement qu'ils sont en contradiction avec la « fertilisation raisonnée » dont elle fait son credo. Double langage, dont il faudra bien qu'elle rende compte un jour ! Où est l'agriculture « propre » que prétend défendre le Forum pour une agriculture raisonnée ?

Produire toujours plus de cochons, dans des élevages de plus en plus grands, être meilleurs que les Hollandais ou les Japonais, ou les Américains, voilà l'objectif du lobby. Serait-ce pour créer des emplois ? Les Côtes-d'Armor en ont perdu 17 700 en production agricole pendant qu'elle en gagnait 2 000 dans l'agro-alimentaire.

---

12. Je l'ai dénoncé dans une tribune : « Un pavé dans la mare », dans *Le Télégramme* du 20 décembre 2000.

Non, il s'agit pour ces gens de faire tourner l'outil : la fabrique d'aliments, l'abattoir, la coopérative. Une fuite en avant perdue d'avance : l'agro-business ne crée même plus d'emplois aujourd'hui.

Il est clair que, pour sauver la filière porcine bretonne, il faut changer de modèle de production. Adopter des porcheries de 30 à 100 truies « naisseur-engraisseur » maximum (suivant le nombre de travailleurs sur l'exploitation), des bâtiments sur litière, en agriculture biologique ou en production sous label. Produire une quantité moindre, mais avec plus de valeur ajoutée grâce à une viande de qualité qui se vend plus cher, à un prix stable : quand le porc « tout-venant » se vendait à 5,50 francs le kg au marché au cadran, le porc label rouge se négociait à 11 francs le kg, le porc agriculture biologique à 18 francs le kg. C'est la qualité qui engendre la valeur ajoutée. Ce qu'ont bien compris des industriels comme Hénaff ou Jean Stalaven : chez Stalaven, on est aux trente-cinq heures depuis 1983 !

En finir avec les nitrates dans l'eau, avec les odeurs nauséabondes, avec la viande pisseuse bourrée d'antibiotique, tout en améliorant son revenu et ses conditions de travail, cela vaut le coup de changer, non ? En finir aussi avec les manifestations contre les porcheries, la mise au ban de la société de toute une profession. Voilà donc bien la réconciliation de l'économie et de l'écologie, la paix sociale retrouvée. Le comprendrez-vous enfin, amis éleveurs ? Comme l'ont compris ceux qui se sont engagés sur le cahier des charges du réseau Cohérence, suite au plan de développement durable initié par le ministère de l'Agriculture. Là encore, le mouvement est en marche grâce à ces pionniers, mais l'urgence des problèmes impose de l'accélérer. Espérons que cela se fera, avec l'appui des citoyens-consommateurs.

En finir avec le poulet dopé aux subventions

La Bretagne produit aujourd'hui 45 % des œufs et de la viande de volaille en France. Elle le doit beaucoup au « poulet-export » (poulet en élevage industriel, abattu à vingt-sept jours), qui a inondé le marché des émirats du pétrole grâce aux subventions européennes à l'exportation – ce que l'on appelle pudiquement des « restitutions ». Pendant trente ans, les sociétés Doux, Tilly ou Bourgoin ont largement profité de cette manne. Mais pas les éleveurs : la valeur ajoutée est faible pour cette production de masse, complètement intégrée. Ni les salariés : les ouvriers au SMIC travaillent dans des conditions qui font penser aux ouvrages d'Émile Zola.

Mais l'arrêt de mort de cette filière du poulet-export est signé : l'Europe a décidé de supprimer définitivement ses subventions aux exportations à partir de 2003. D'où la faillite de Bourgoin et l'implantation de Doux au Brésil : avec du soja sur place, des salaires trois fois inférieurs et des bâtiments moins coûteux, il peut garder ses marchés sur l'Iran sans subventions.

Quant aux éleveurs bretons, là aussi, il leur faut envisager une reconversion. Les pistes ne manquent pas : poulets plus lourds, poulets de qualité labellisés, poulets en agriculture biologique... Sauf que certains s'accrochent encore au poulet-export et s'époumonent : « Restitutions, restitutions ! » Là encore, la démagogie, pour abuser des éleveurs et des ouvriers, comme on les a abusés depuis 1993, date des accords du GATT à Marrakech où la fin des subventions à l'exportation a été programmée. Six mois avant la crise de 1999, on implantait encore des poulaillers de poulet-export, financés par les banques mais sous la responsabilité de l'éleveur qui n'a plus aujourd'hui que ses yeux pour pleurer devant son poulailler vide dont il doit rembourser les annuités. Les coupables dorment-ils tranquilles ?

Céréales, mornes plaines pour toujours ?

Pour être complet et cohérent, il faut nécessairement parler de l'alternative aux grandes productions végétales des zones céréalières : blé, orge mais aussi oléagineux (colza, tournesol) et cultures industrielles (betteraves, pommes de terre).

Il n'y a pas de durabilité dans le système céréalier actuel. J'ai montré l'impasse de ce système. Sans fumier pour amender la terre (il n'y a plus d'élevage dans ces régions très spécialisées), sans prairies dans la rotation, l'humus ne se renouvelle pas : la fertilité du sol périclite. Il faudra donc bien réintroduire l'élevage dans ces régions (moutons ou bovins). On peut aussi faire du porc ou de la volaille, mais à condition, on vient de le voir, de pratiquer ces élevages sur litière afin de produire du fumier, et non sur caillebotis à lisier. Évident ? Pas pour tout le monde puisque, chaque fois qu'un projet de porcherie pointe son nez dans ces régions, c'est toujours le modèle breton sur caillebotis qui a la faveur. Et ce projet est toujours défendu par la coopérative agricole et la chambre d'agriculture face aux écolos...

Comment expliquer que les responsables agricoles de ces régions soient à ce point obtus ? Ils disposent pourtant d'énormes quantités de paille, et un élevage de porcs leur permettrait de produire du fumier, donc de l'humus, si bénéfique à la fertilité de leurs terres. Aveuglement, préjugés obstinés ? Faut-il croire qu'il est plus rentable de se reposer sur l'assolement céréales-jachère-sports d'hiver grâce aux aides publiques ? En tout cas, ces responsables entraînent leur région dans l'impasse en copiant un modèle désormais périmé qui a sinistré les régions qui l'ont pratiqué ! Et, par-dessus le marché, ils se mettent la population à dos. Mais qu'ils sachent bien que, pour les régions céréalières comme pour les autres, il n'y a pas de durabilité en dehors de l'équilibre agronomique entre le sol, les plantes et les animaux. Animaux logés sur paille pour produire du fumier, répétons-le une fois de plus !

Cela étant, je reconnais que le chemin pour retrouver la durabilité sera plus long pour une ferme céréalière d'aujourd'hui que pour un éleveur breton reconvertissant en herbe ses surfaces de maïs ou adoptant un système de porcherie sur litière plutôt que sur caillebotis. Le problème est identique pour les régions maraîchères qui doivent aussi introduire des prairies et des animaux dans leurs fermes afin de casser la monoculture qui épuise le sol et aggrave les pollutions.

6.

Avec les consomm'acteurs

La détermination des agriculteurs à changer de système de production est évidemment indispensable – et je parle ici, comme ancien paysan, dans leur intérêt bien compris –, mais la mobilisation des consommateurs est également nécessaire. Il se trouve en effet que les méthodes de l'agriculture durable que nous venons de résumer sont celles qui dégagent les meilleures marges et assurent donc la défense de l'emploi et du revenu des agriculteurs, en même temps qu'elles leur permettent de produire des aliments sains et de qualité, dans un environnement préservé. Les intérêts des uns et des autres sont donc convergents. À condition de s'en rendre compte.

Touchés à l'estomac et au portefeuille

Depuis la crise de la vache folle et autres poulets à la dioxine, la prise de conscience des consommateurs est enclenchée. Gageons qu'elle va encore progresser. Car le consommateur n'a pas fini de découvrir que ce qu'il mange peut être dangereux pour sa santé[1]. Le danger peut être

1. Ce qu'il respire aussi : la pollution de l'air par l'ammoniac des élevages industriels est très inquiétante, pour la santé humaine comme pour la survie des forêts et les pesticides se retrouvent aussi dans l'air que nous respirons.

brutal, par intoxication du type salmonellose ou listériose, mais il peut aussi être plus discret mais pas moins grave : développement de cancers, de dégénérescences, voire de maladies inconnues jusque-là comme ce fut le cas, par exemple, de la nouvelle forme de la maladie de Creutzfeldt-Jacob. Des médecins de plus en plus nombreux, comme Bernard Herzog[2], tirent la sonnette d'alarme : « Nous allons vers de plus en plus de cancers, chez des sujets de plus en plus jeunes. » Ces médecins accusent la nourriture et font le lien entre ce que nous consommons et notre santé. Le docteur Lylian Le Goff, de Lorient, l'explique magistralement dans son livre *Nourrir la vie*[3], véritable encyclopédie du « bien manger » pour garder la santé. Tout cela a fini par interpeller les grandes associations de consommateurs telles que l'UFC-Que Choisir et c'est heureux.

À l'origine, malheureusement, ces associations avaient mis trop exclusivement l'accent sur la recherche du prix le plus bas, ce qui a de fait encouragé l'industrialisation de la production agricole. Mais le virage est pris et elles privilégient désormais la qualité. Certes, cela pèsera un peu sur les prix d'achat de l'alimentation. Mais finalement pas sur la dépense totale du ménage, qui économisera le coût de l'eau en bouteille (dix fois le prix de celle du robinet) qu'il est obligé d'acheter aujourd'hui, sans parler des subventions données à l'agriculture productiviste qui coûtent en moyenne 3 000 francs par an et par ménage. Ajoutons les dépenses de santé qui augmentent, ainsi que les cotisations de Sécurité sociale, le coût des dépollutions et des programmes de restauration de l'environnement. À cela s'ajoutent enfin les dépenses énergétiques considérables du modèle agricole productiviste qui non seulement nous rend dépendants

2. *Les Transgéniques, op. cit.*, 2000.
3. Éd. Roger-Jollois, Paris, 1997.

du pétrole et du gaz importés (en plus du soja importé, on l'a vu), mais qui épuise aussi ces énergies non renouvelables, et dont la consommation exagérée accroît l'effet de serre.

Ils se trompent, ceux qui croient que le consommateur ne voit pas plus loin que le bord de son assiette. Celui-ci s'informe de plus en plus sur les problèmes sanitaires, écologiques et économiques. La révolution culturelle du consommateur-responsable est en marche : un consommateur plus citoyen, en somme, qui associe plus santé et « bien manger », choix de consommation et préservation de l'environnement.

D'où le succès du réseau Cohérence sur le grand-ouest de la France, ou de l'Alliance au plan national. Ces associations rassemblent paysans, consommateurs, écologistes pour un même combat, conscients de l'intérêt commun de l'agriculteur-éleveur, du consommateur et de l'écologiste. L'agriculteur qui produit « propre » préserve la santé du consommateur – cela ne doit-il pas aussi être sa fierté de producteur ? – qui, en achetant des produits de l'agriculture durable, participera à son développement. Le consommateur, par ses achats, est donc un moteur du développement de l'agriculture durable, contre le modèle productiviste : son acte de consommation est un choix politique, un choix de société. De même, un écologiste cohérent ne peut que soutenir cette orientation, au niveau de sa consommation et de son action politique.

Mais que de chemin encore à parcourir ! Où trouver le pain, les céréales, le lait, la viande, les légumes, les fruits qui répondent aux critères de qualité et de protection de l'environnement ? Comment les identifier clairement, comment être sûr de leurs qualités, comment s'y retrouver dans la jungle des certifications, des labels, des appellations ?

Quelles garanties de qualité ?

Pour le consommateur, la qualité est d'abord une question de confiance : être sûr que le produit acheté correspond bien à ce qui a été promis par le vendeur ou par l'étiquette. Trois critères sont décisifs :

a) Le consommateur doit savoir *d'où* vient le produit. C'est l'intérêt des garanties d'origine telles que l'appellation d'origine contrôlée (AOC) pour le vin, le fromage ou les fruits. La traçabilité des produits, c'est-à-dire la capacité à en suivre le parcours depuis son origine jusqu'au lieu de vente finale en passant par ses transformations successives, est nécessaire, mais pas suffisante.

b) Le consommateur doit savoir *comment* le produit a été fabriqué. Pratiques culturales, mode d'élevage, mode de transformation et de confection, tout doit être consigné dans un cahier des charges (qui peut inclure aussi des obligations sur l'origine des ingrédients). Ce cahier des charges est le pilier central d'une démarche de qualité.

c) Un *contrôle rigoureux* du cahier des charges doit être effectué par un organisme de certification indépendant des producteurs et des transformateurs, tels Ecocert ou Nature & Progrès.

Les produits « bio »

Les produits de l'agriculture biologiques (le bio) satisfont ces trois exigences quand ils sont identifiés par le logo « AB ». Dans ce cas, le consommateur est parfaitement sécurisé[4]. Le cahier des charges des produits « bio » interdit totalement l'usage de pesticides chimiques de synthèse (seuls sont autorisés la bouillie bordelaise – un mélange de cuivre et de zinc – et les produits à base de plantes,

4. Sauf contre une fraude délibérée, problème qui n'est évidemment pas propre à la filière du « bio ».

comme le roténone), de produits vétérinaires tels que les antibiotiques (le producteur biologique peut recourir à l'homéopathie vétérinaire), etc. Il exige la traçabilité et le contrôle des produits.

Le label rouge

Vient ensuite le « label rouge » que peuvent obtenir œufs, volailles et viande de porc ou de bœuf. Le cahier des charges du label rouge exige, comme pour les produits « AB », la traçabilité des produits labellisés, le contrôle des obligations, comme le confort des animaux (lisier interdit) et la limitation des additifs alimentaires. L'alimentation des animaux doit être constituée d'un pourcentage important de céréales, qui peuvent provenir de l'agriculture conventionnelle – ce qui est interdit en agriculture biologique. Ce dernier point explique la différence de prix entre un œuf bio et un œuf label rouge, une viande bio et une viande label rouge.

La garantie « agriculture durable »

Enfin, on voit apparaître sur le marché les produits de l'agriculture durable, tels que la viande bovine herbagère, le porc « agriculture durable » (initié par le réseau Cohérence) ou, demain, le lait « agriculture durable ».

Un cahier des charges de l'agriculture durable a été initié en 1994 par les agriculteurs du CEDAPA pour les productions concernées (lait, viande de bœuf, de mouton et de porc). Agréé par l'État, il est reconnu depuis 1995 comme mesure agri-environnementale européenne (ce qui ouvre droit à certaines aides publiques, au demeurant limitées).

Ce cahier des charges satisfait évidemment aux critères d'une démarche qualité (traçabilité et contrôle indépendant). Il est très contraignant sur le plan environnemental afin notamment d'assurer la reconquête de la qualité de l'eau : l'herbe et le foin doivent constituer la base de l'alimentation des herbivores ; l'épandage des déjections animales est limité ; aucune terre nue n'est tolérée en hiver (ce qui limite la culture du maïs) ; le drainage des fonds de vallée et l'arasement des talus sont interdits. La contrainte environnementale est donc plus forte que pour le cahier des charges « AB », même s'il autorise l'engrais azoté du commerce (en quantité limitée sur les céréales) ainsi qu'un fongicide et certains herbicides (alors que le cahier des charges « bio » les interdit)[5]. Dans les deux cas, insecticides et régulateurs de croissance sont proscrits.

Ce cahier des charges de l'agriculture durable peut être rapidement généralisé en France et en Europe : si le rendement en céréales est un peu moindre, en particulier à cause de l'interdiction des régulateurs de croissance, les coûts de production sont réduits, et donc la marge à l'hectare est maintenue voire améliorée.

Au-delà de ces contraintes communes à toutes les productions de l'agriculture durable, le cahier des charges définit ensuite des normes de logement des animaux et de complémentation alimentaire, spécifiques aux productions concernées, normes qui rejoignent celles de l'agriculture biologique et du label rouge. Par exemple : interdiction des antibiotiques, des activateurs de croissance, des OGM. En outre, les conditions de transport et d'abattage, de maturité de la viande sont strictement définies.

Excepté le cahier des charges « bio », ce cahier des charges de l'agriculture durable est celui qui offre le plus de garanties sur le plan de l'environnement et de la sécurité des consommateurs. Reste à le faire adopter par le plus grand nombre de paysans et à le faire (re)connaître

5. La possibilité d'utiliser un herbicide, un fongicide ou un engrais azoté au printemps garantit un rendement en céréales supérieur à celui qu'obtient la méthode biologique, et donc un prix de revient inférieur.

aux consommateurs. Production et consommation doivent aller de pair. La difficulté n'est pas insurmontable, et c'est bien la tâche à laquelle s'est attelé le réseau Cohérence qui envisage de mettre son logo sur les produits de l'agriculture durable.

Attention à bien distinguer les torchons et les serviettes

D'autres signes de qualité existent, plus ou moins fiables ou restrictifs. Les appellations d'origine contrôlée (AOC) ne garantissent que l'aire de production ou de transformation, parfois complétée d'obligations en matière de production (rendement maximum pour le vin, par exemple). Les garanties sont donc moins complètes que pour les cahiers des charges que nous venons de présenter.

Les produits « fermiers », sauf exception (par exemple pour la volaille ou le porc), ne bénéficient pas d'une réglementation précise. C'est alors la relation directe entre le producteur et le consommateur qui garantit la qualité, relation de confiance réciproque qui assure le développement des réseaux de vente directe ou personnalisée. Cela va aussi dans le bon sens, d'autant que des associations impliquant producteurs et consommateurs s'efforcent aussi de faire reconnaître des cahiers des charges qui conforteront la démarche[6].

En revanche, l'agriculture dite « raisonnée » promue par le Forum de l'agriculture raisonnée (FARRE) vient brouiller les cartes : vues de loin, agriculture raisonnée et agriculture durable ou intégrée, peuvent être confondues, et certains médias les ont assimilées de bonne foi. Malheureusement, c'est abusif, et cela le restera tant que l'agriculture dite raisonnée ne sera pas dotée d'un cahier des

6. C'est le cas, entre autres, de l'Association des points de vente collectifs des produits fermiers en Rhône-Alpes (AVCP) ou de l'association des producteurs fermiers du Pays basque (Idoki). Lire, par exemple, *Produits fermiers : des démarches collectives de développement* (ADIR, Paris, 1996).

charges agréé, interdisant la monoculture, l'exposition des terres nues à l'érosion, les arasements de haies et de talus, le drainage systématique des zones humides, l'élevage de porcs sur caillebotis intégral, les grandes unités d'élevage hors sol...

Cela suppose aussi que soient remis en cause les « objectifs 100 quintaux » et les régulateurs de croissance. Ces régulateurs de croissance ont été mis au point, il y a trente ans, pour empêcher les céréales de verser : ils empêchent que la tige de la céréale s'allonge trop, ce qui la rend plus résistante (aux coups de vent, par exemple) et lui permet de porter des épis plus gros, plus lourds. Du coup, la tentation est forte de pousser les rendements, en augmentant les doses d'azote (jusqu'à 230 unités à l'hectare sur le blé, alors qu'il en faut seulement 150 pour un rendement de 80 quintaux). Et comme, par peur de manquer, on en met plutôt plus que moins, les nappes phréatiques récupèrent tous les excès. Il ne faut pas chercher ailleurs la pollution des eaux de la Beauce qui frôlent les 100 mg de nitrates par litre. Ces régulateurs de croissance sont interdits depuis longtemps en Suède (« Les Suédois ne veulent pas raccourcir ! », nous disait avec humour un agronome suédois lors d'un débat) mais il est bien connu que les céréaliers français en savent toujours plus que les autres. Problème : ces hormones de régulation se retrouvent dans la paille et dans le grain, donc dans le pain que nous mangeons ! C'est pourquoi le cahier des charges du CEDAPA a toujours interdit ces régulateurs. C'est un verrou qui, à lui seul, empêche les excès.

Malheureusement, je n'ai rien vu de tout cela dans la charte de l'agriculture « raisonnée » du FARRE. Beaucoup de bonnes intentions, certes, mais le chemin de l'enfer aussi est, paraît-il, pavé de bonnes intentions ! Il ne reste donc qu'à espérer que cela évolue, que la charte devienne cahier des charges contraignant et restrictif – on sait que Christiane Lambert, sa présidente, s'y emploie – et que l'agriculture raisonnée se libère du poids de l'agrochimie, pour être reconnue comme un signe de qualité de même... qualité que notre démarche d'agriculture durable.

7.

L'impact de la PAC

Crédibilité de l'agriculture durable, réveil des consommateurs... Tout cela ne suffira pas si la politique agricole n'accompagne pas la reconversion ou, pire, si elle persiste à privilégier les méthodes productivistes. Par exemple, en subventionnant le maïs-fourrage et l'irrigation.

Tirer les leçons du passé

La politique agricole, c'est d'abord la Politique agricole commune (PAC) au niveau européen. Comme je l'ai expliqué dans *Les Champs du possible*[1], une réorientation radicale de cette PAC a démarré en 1992. Des aides directes à l'agriculteur se sont substituées au soutien des prix des produits. Ces aides directes peuvent être ciblées sur telle ou telle catégorie de producteur (contrairement au soutien des prix) et donc être un moyen extraordinaire pour orienter l'agriculture européenne vers le développement durable. Il suffit de moduler ces aides en fonction d'objectifs économiques : par exemple, les augmenter

1. Syros, Paris, 1999 (2e éd.).

pour les petites exploitations qui créent plus de valeur ajoutée (en transformant leurs produits) et développent des emplois, ou les réduire pour les plus grandes exploitations très mécanisées et industrialisées. On peut surtout conditionner les aides au respect de l'environnement et de la qualité des produits, les deux étant d'ailleurs liés.

Mais on en est loin. Une exploitation française touche en moyenne 100 000 francs d'aides directes chaque année. Et même 1 million de francs pour certaines exploitations céréalières puisque ces primes sont liées à la surface. Si demain on dit aux Beaucerons : « O.K. pour les primes, mais à condition que vous respectiez les règles de bonnes pratiques agricoles par rapport à l'environnement, que vous ajustiez votre fertilisation au strict besoin de vos cultures, que nous ne laissiez pas de terres à nu en hiver, que vous mettiez des bandes enherbées le long des routes et des ruisseaux, que vous gardiez un pourcentage de haies, de talus, bois, landes et terres humides pour entretenir la faune et la flore, que vous n'employiez pas de régulateur de croissance, que vous vous interdisiez les pesticides les plus dangereux, et que vous respectiez la directive "Nitrate" si vous avez un élevage... » alors nul doute que, comme un seul homme, ces agriculteurs se mettent à respecter les règles agronomiques de base qu'ils ont bafouées depuis trente ans, indispensables pour reconquérir la qualité de notre environnement et notre sécurité alimentaire.

L'efficacité de ces primes PAC peut être prouvée par l'absurde. Il suffit d'observer la généralisation de pratiques abusives et de comparer avec le montant de ces primes. Par exemple pour les installations d'irrigation. Si vous irriguez, vous touchez 600 francs de plus à l'hectare de blé en Beauce et 1 500 francs de plus pour du maïs dans le Gers. Alors pourquoi s'en priver ? « La prime couvre mes frais, l'eau est gratuite : toute hausse du rendement devient donc un bénéfice net ! » Et tant pis pour la nappe phréatique... Incroyable mais vrai !

Halte à la prime au maïs-saccage !

Le summum de l'incohérence est la prime au maïs-fourrage : désormais 2 650 francs par hectare en Côtes-d'Armor, et rien pour l'herbe ! Ainsi on encourage un fourrage coûteux, polluant, destructeur des paysages, responsable de l'érosion ou de l'assèchement des nappes et des rivières en été, et qui, par-dessus le marché, nous rend dépendants du soja américain bourré d'OGM. Cette politique est absurde.

Mais que, demain, cette prime au maïs soit supprimée et remplacée par une prime équivalente aux prairies temporaires, alors nul doute que le système fourrager pour les bovins adoptera rapidement l'herbe, pour le plus grand bien de notre environnement, de la sécurité du consommateur et de notre indépendance en protéines.

Tant d'incohérence, d'absurdité dans notre politique agricole laisse pantois. Mais, comme nos technocrates de Bruxelles ne sont pas tous ignares, il faut croire que la pression des lobbies du maïs irrigué, du maïs-fourrage est forte. Il faut donc qu'en face se mobilise un lobby citoyen-consommateur. Car c'est lui qui paie toutes ces primes : 3 000 francs par an en moyenne pour chaque ménage européen.

Les occasions ratées

L'occasion d'un retour au bon sens a été manquée une première fois en 1992. La réforme de la PAC était bonne, son application a été mauvaise : au lieu de servir à protéger, elle a servi à détruire ; au lieu d'encourager les petites exploitations, elle les a détruites puisque l'on touche des primes pour s'agrandir.

On espérait beaucoup de la réforme suivante, en 1999. Dans le projet de la Commission européenne, publié en juillet 1998, il était prévu de plafonner les aides attribuées en fonction de la surface cultivée et de supprimer la prime au maïs ; il était question d'une éco-conditionalité des aides ; et il était question de calculer le droit à prime en fonction de la surface de l'exploitation et non du nombre d'animaux présents (ce qui aurait découragé l'élevage intensif).

Il n'en est pas resté grand-chose. La prime au maïs-fourrage a été maintenue et même augmentée (cocorico, les Bretons !). La modulation des aides est devenue possible – mais pas obligatoire – pour les États qui le souhaitent, mais dans ce cas ils ne peuvent utiliser les primes qu'ils ont récupérées sur l'enveloppe des plus grosses exploitations (par exemple pour aider les plus petites exploitations ou celles qui cherchent une alternative au productivisme) qu'à la condition de débourser une aide supplémentaire d'un même montant. Et au lieu de voir instauré le calcul des primes selon la surface, c'est la prime à l'élevage intensif de taurillons qui a été fortement augmentée.

Il reste – et, heureusement, ce n'est pas négligeable – que les États doivent soumettre à une éco-conditionalité l'attribution des primes à l'hectare. Mais, bien entendu, chaque État reste libre d'en définir les modalités, principe de subsidiarité oblige. Les pays nordiques y travaillent, mais en France, « motus et bouche cousue », c'est un sujet dont il ne faut pas parler. Même la Confédération paysanne n'en a pas fait une priorité. Et les mouvements de consommateurs, n'y comprenant sans doute rien, n'ont guère manifesté leur désir de voir mettre en pratique cette mesure essentielle de reconquête de la qualité de l'environnement et de la sécurité alimentaire. Triste ! Car il faudra bien en passer par là, pourtant ! Comme nos amis suisses qui, depuis trois ans, conditionnent l'octroi des primes au respect du cahier des charges de l'agriculture intégrée : désormais tous les agriculteurs suisses appliquent ce cahier des charges comparable à celui de notre agriculture durable. Et les paysans français en feraient autant si on le leur demandait car, autant que les Suisses, ils sont « près de leurs sous »... Ils en seraient les premiers gagnants.

C'est l'évidence même. Se reconvertir à l'agriculture durable (intégrée, plus économe et plus autonome, peu importe le terme), cela veut dire plus de valeur ajoutée mais moins de production : les 20 quintaux supplémentaires obtenus avec des régulateurs de croissance sont des excédents qui pèsent sur les cours ; les litres de lait supplémentaires, les kilos de viande en plus, obtenus par le soja américain, remplissent les réfrigérateurs européens et font baisser les prix.

Et cela coûte cher aussi aux contribuables puisqu'il faut stocker et exporter à perte. Plus on exporte, plus on perd : où est le bénéfice ? La vocation exportatrice de l'Europe, affirmée dans la réforme de 1999, est une absurdité économique. J'ai montré dans *Les Champs du possible* que notre bilan net était déficitaire : nous importons plus de produits alimentaires que nous n'en exportons. Nous avons donc tout intérêt à nous centrer sur notre marché européen en pratiquant une agriculture autonome, économe et à forte valeur ajoutée. Les agriculteurs vivront de la vente de leurs produits, sans aide publique, puisque, les excédents n'existant plus, les prix agricoles seront à la hausse. Le consommateur paiera plus cher son alimentation, mais il ne la paiera qu'une fois, et non pas trois ou quatre comme aujourd'hui : les bouteilles d'eau parce que l'eau du robinet est imbuvable, les impôts supplémentaires pour aider l'agriculture, sans parler de ses problèmes de santé... Il est même évident que le pays qui ira le plus loin dans les pratiques respectueuses de l'environnement en tirera une image de marque et donc un bénéfice commercial. C'est désormais la meilleure publicité pour la vente des produits, de même que les touristes sont de plus en plus attirés par les régions dont l'environnement est préservé et qui ont misé sur les produits du terroir de qualité. Là aussi, économie et écologie vont de pair.

Freiner par tous les moyens la mise en route de l'éco-conditionalité des aides publiques est donc une politique à courte vue, qui nuit à l'intérêt bien compris des agriculteurs et du pays lui-même.

La nouvelle donne

En fait, ce que n'ont pas compris les lobbies productivistes et industriels, c'est que le monde a changé depuis le moment où la PAC a vu le jour en 1958.

Il y avait une vraie cohérence au départ. Dans les années soixante, le développement fondé sur la révolution fourragère était économe, autonome, à forte valeur ajoutée et très productif : soutenu par la PAC, il a gagné le pari de nourrir largement la population de l'Europe des Six (des excédents de lait, de viande et de céréales apparaissent même déjà).

Le productivisme, ce basculement dans la démesure qui s'instaure au début des années soixante-dix, était donc parfaitement inutile. Répétons-le, il n'a servi qu'aux intérêts de l'agro-business en quête de profit et aux coopératives agricoles qui lui ont emboîté le pas. Il est faux de dire que le productivisme des années soixante-dix était une nécessité : il a produit des excédents, saccagé l'environnement et fabriqué de la « malbouffe » pour le seul intérêt des vendeurs d'engrais azotés, de pesticides, d'aliments du bétail, de gros matériel et de béton. L'agriculteur, lui, voit passer beaucoup d'argent mais il lui en reste peu.

Ce productivisme a pris une telle ampleur parce qu'il a été conforté par la politique agricole européenne qui n'a pas su se réformer à temps. Le principe initial de la PAC, c'est de garantir le revenu des agriculteurs en leur assurant des prix élevés. Cette garantie de prix est assurée d'abord par la préférence communautaire. Marché commun oblige, les produits agricoles circulent librement, sans taxes, entre États-membres, et tout produit agricole importé d'un État non membre (pays tiers) est taxé (cela s'appelle un prélèvement) : ainsi, les importations ne peuvent peser à la baisse sur les prix agricoles européens. Cette préférence communautaire est le socle de la Politique agricole commune et il faut la préserver.

Ce dispositif essentiel est complété par l'intervention publique sur le marché. Au cas où le prix des céréales, de la viande ou du lait chute au-dessous du prix garanti européen (prix fixé chaque année à Bruxelles), une partie de la production concernée est achetée par un organisme public pour alléger le marché, et elle est stockée voire détruite (fruits, vin). Du coup, les cours remontent. Et quand le beurre, la poudre de lait, la viande ou les céréales ainsi stockés s'accumulent dans les réfrigérateurs et les silos, la Communauté européenne subventionne les exportations hors du Marché commun (cette subvention est baptisée « restitution ») pour se débarrasser des stocks. Mais ce mécanisme de stockage-restitution incite évidemment les agriculteurs et les éleveurs à produire toujours plus puisqu'ils sont assurés d'un débouché et d'un prix garantis. Et, autre vice, les éleveurs peuvent augmenter leur production en important aux prix mondiaux des aliments du bétail comme le soja ou les produits de substitution aux céréales (manioc, corn-gluten-feed...) qui échappent à la préférence communautaire. Mécanismes pervers, comme je l'ai démontré dans *Les Champs du possible*, qui ont englouti un budget colossal (300 milliards de francs), débouchant sur la malbouffe et le saccage de l'environnement.

En 1992, la Communauté européenne en a pris acte et a proposé une réforme radicale : abandon progressif du soutien des cours et des subventions aux exportations, et remplacement par une aide directe aux agriculteurs en privilégiant les petites et les moyennes exploitations, et en conditionnant cette aide, du moins pour l'élevage, au respect de l'environnement. On sait comment ce projet pertinent a été saboté par les lobbies de l'agro-business épaulés par les syndicats agricoles majoritaires : ils ont obtenu qu'il n'y ait aucune limite de surface pour l'octroi des aides directes, si bien qu'elles ont été une incitation fantastique à l'agrandissement des exploitations.

En 1999, réforme de la réforme. Le projet initial prévoit la suppression de la prime au maïs-fourrage, le plafonnement des aides, leur conditionalité par rapport à l'environnement. Là encore, blocage des lobbies. À l'arrivée, seule l'éco-conditionalité subsiste mais, les critères étant fixés par chaque État, la mise en route s'enlise et comme on l'a vu la France en particulier traîne les pieds.

Seulement voilà, en 2000, la nouvelle crise de la vache folle vient tout remettre à plat. Cette fois, le productivisme est clairement mis en accusation. L'opinion prend conscience des dangers, pour l'environnement et pour sa santé, que présentent la monoculture à coups de nitrates et de pesticides, l'élevage industriel des porcs et des volailles, le système fourrager des bovins à base de maïs-fourrage et de soja. Même les poids lourds de l'Europe, comme la France, mais plus encore l'Allemagne ou l'Italie, accusent le productivisme agricole. Bref, la situation est mûre pour accoucher d'une vraie réforme de la PAC, libérée du poids des lobbies qui ont jusqu'à maintenant imposé leurs diktats et fait échouer tout projet cohérent de réforme.

Propositions pour une politique cohérente

Renforcer les directives européennes

Certaines directives européennes ont beaucoup contribué à mieux protéger l'environnement et les consommateurs. Par exemple, c'est l'Europe qui a imposé la limite de 50 mg de nitrates par litre pour l'eau distribuée au consommateur. De même, la directive « Nitrates » a limité à 170 kg par hectare l'azote provenant des déjections animales dans les zones vulnérables, et chaque État a été contraint de faire l'inventaire de ces zones.

C'est encore l'Europe qui, au nom du bien-être animal, a interdit l'élevage des veaux sur caillebotis, en cage individuelle. Les veaux sont désormais engraissés en cases collectives sur litière. Elle a interdit d'attacher les truies pendant leur phase de gestation, elle a exigé l'agrandissement des cages de poules élevées en batterie. Elle a interdit les hormones dans l'alimentation des animaux (malgré la pression des États-Unis et de l'Organisation mondiale du commerce), ainsi que certains antibiotiques. Elle a aussi interdit certaines molécules, jugées trop toxiques, pour le traitement des cultures contre les mauvaises herbes et les maladies. Et elle résiste aux firmes dans l'affaire des organismes génétiquement modifiés. Toutes ces avancées ont été acquises grâce à l'Europe qui a contraint les États récalcitrants qui, comme la France, freinent toujours sous la pression des lobbies de l'agro-business.

Mais l'Europe doit aller beaucoup plus loin. Il lui faut faire l'inventaire de tous les pesticides dangereux pour notre environnement et les interdire purement et simplement. Je pense d'abord aux hormones employées comme régulateurs de croissance sur les céréales parce que, comme je l'ai déjà signalé, ces produits permettent les excès de fertilisation azotée qui polluent les nappes phréatiques et imposent des traitements supplémentaires par fongicide, car l'excès des nitrates accroît la sensibilité des plantes aux maladies. Il est aussi urgent d'interdire l'atrazine (un désherbant pour maïs) et bien d'autres produits.

En ce qui concerne le bien-être animal, l'Europe doit aussi aller plus loin en rendant obligatoire le logement des animaux sur litière. Le caillebotis intégral doit être interdit pour tous les animaux. Nous l'avons vu, c'est une technique coûteuse (une porcherie sur caillebotis-lisier coûte un tiers de plus qu'une porcherie sur litière), polluante pour l'eau et l'air dans toutes les régions qui l'ont développée : la Hollande, la Belgique flamande, la Bretagne, et même l'Espagne. Et seul le logement avec litière favorise le bien-être animal.

Puisqu'il est urgent de redonner confiance aux consommateurs, l'Europe doit agir vite dans ces domaines. De nouvelles directives doivent être adoptées : cela ne coûtera rien et l'efficacité en sera très grande.

Taxer les pesticides et l'azote

J'ai réclamé la taxation des pollutions agricoles dès 1988, dans mon livre *Du champ à la source. Retrouver l'eau pure*[3]. Le Parlement européen l'envisageait dès 1990, mais sans suite. Seule la France, pour une fois en avance, a décidé une taxe sur les pollutions, ce qui valut à Dominique Voynet, ministre de l'Environnement, le saccage de son bureau par des céréaliers en colère. Pourtant, cette taxe était à l'initiative du ministre des Finances : il est tellement plus facile de s'attaquer à une femme qu'à la forteresse de Bercy ! Doublement lâche et scandaleux quand on sait que les assaillants touchent plus de 1 million de francs par an de primes PAC...

L'Europe doit désormais prendre l'initiative de cette taxe sur les pesticides et l'azote. Elle doit être prélevée à

3. Éd. Coop-Breizh, Spezet.

la source, c'est-à-dire au départ de l'usine, et se répercuter sur toute la chaîne. À l'exemple des produits pétroliers. Rien n'est plus simple à mettre en place, mais encore faut-il oser affronter les lobbies de la chimie qui verront ainsi leurs chiffres d'affaires baisser. Car on espère bien que le prix plus élevé de ces produits dissuadera l'agriculteur de les gaspiller et l'incitera à se tourner vers des méthodes alternatives : bonne rotation des cultures, couvert végétal, semis clair, variétés résistantes aux maladies, prairies à base de trèfle blanc pour remplacer l'ammonitrate...

L'Institut technique des céréales et des fourrages (ITCF) a démontré depuis longtemps que, avec la baisse des cours des céréales, l'intensification à grand renfort d'azote et de pesticides n'était plus rentable : il est plus intéressant économiquement de produire 80 quintaux par hectare en intensifiant raisonnablement que de produire 100 quintaux avec une forte intensification, car le supplément de rendement ne paie pas le supplément de dépenses. Si ces dépenses se trouvaient encore alourdies par une taxe sur l'azote et les pesticides, la surintensification pratiquée par le céréalier deviendrait pour lui une catastrophe économique. En revanche, s'il renonçait à cette surintensification, il serait doublement gagnant : produisant moins d'excédents, les cours remonteraient. Et quel gain pour l'environnement (avec moins de dépendance car la fabrication de l'azote et des pesticides consomme beaucoup de pétrole importé) !

De plus, le produit de cette taxe pourrait servir à réduire le budget européen consacré à l'agriculture, d'où un allègement des charges du contribuable. Il pourrait aussi être consacré à la recherche sur l'agriculture alternative et à son développement.

Vraiment, cette taxe sur les pesticides et l'ammonitrate serait une mesure forte, décisive pour la reconquête de notre environnement et de notre sécurité alimentaire. Il est donc urgent de la mettre en œuvre sur le plan européen et de la généraliser à tous les pays de l'Union européenne.

Briser le mythe de la vocation exportatrice

Directive européenne renforcée, taxation de l'azote et des pesticides, ceci n'est qu'un préalable à la prochaine réforme de la PAC qui doit être enfin cohérente avec ce que souhaitent désormais les citoyens-consommateurs européens. Car la réforme adoptée en 1999 a échoué.

L'accord de Berlin du 30 mars 1999 sur la réforme de la PAC s'appuie sur le raisonnement suivant : l'Europe a des excédents de céréales et de produits animaux (principalement de la viande bovine) qui vont aller en s'accentuant ; l'Europe a donc une vocation exportatrice vers le reste du monde et la conquête des marchés mondiaux est vitale pour écouler sa production et défendre ses paysans. Pour cela, l'accord décide de baisser les prix garantis des grandes productions agricoles (céréales, viande, lait)[4], et il décide en même temps de renforcer les aides directes aux agriculteurs-éleveurs pour atténuer le choc. En espérant que les négociateurs internationaux avaleront la « couleuvre ». Car il n'est pas besoin de sortir de Saint-Cyr pour comprendre que ces aides directes compensatrices à la baisse des prix sont en fait des « restitutions » déguisées – donc des aides aux exportations. Les négociations engagées à l'OMC vont donc être très difficiles si nous persistons dans cette politique. Ces subventions réelles ou déguisées provoquent déjà la réprobation de la communauté internationale des pays riches comme des pays pauvres...

Mais pourquoi s'obstiner à exporter à tout prix ? J'ai montré dans mon dernier livre que le bilan des entrées et

4. D'autant que les « restitutions » ne seront plus permises par l'OMC qui les analyse comme des subventions aux exportations.

sorties de produits agricoles était déficitaire au niveau de l'Europe des Douze : – 16 millions de tonnes d'équivalent-céréales. Et cela nous rend notamment très dépendants des États-Unis pour notre approvisionnement en protéines. Alors, pourquoi considérer nos excédents de céréales, de viande ou de lait comme le résultat d'une « vocation exportatrice » alors qu'ils sont provoqués par nos importations de soja et de produits de substitution aux céréales ? Des excédents que nous sommes en plus obligés de brader sur le marché mondial, ce qui coûte cher au budget européen, donc aux citoyens-contribuables que nous sommes.

Je le répète, ces exportations profitent essentiellement à l'agro-business. Arrêtons donc cette politique insensée et concentrons-nous sur le marché européen, même s'il est élargi aux pays de l'Est : il y a de la place pour une agriculture productive – mais non excédentaire –, durable, normalement rétribuée par le marché, sans toutes ces primes désormais inutiles. Et l'on pourra se consacrer aussi à l'exportation sans subventions des produits de qualité (fromages, vins, alcools...).

Le nécessaire maintien de la préférence communautaire

Le maintien de la préférence communautaire participe de la cohérence globale de la future PAC. Ce socle de notre politique agricole européenne doit même être renforcé en taxant, jusqu'à un certain seuil, le soja et les produits de substitution aux céréales importés en Europe.

Nous devons défendre cette politique hardiment dans les négociations internationales : elle se justifie au nom du droit des peuples à se nourrir eux-mêmes. Nous avons pour défendre cette politique l'appui de la communauté internationale, en premier lieu des pays pauvres et en développement qui ne pourront développer leur agriculture que s'ils se protègent aussi d'importations abusives.

Faut-il rappeler que trop souvent nos excédents sont bradés dans ces pays, ce qui concurrence durement leurs producteurs ?

Évidemment, les pays du groupe de Cairns (Australie, Canada, Argentine...) sont opposés à toute limite à leurs exportations : ils ont des surfaces et des conditions climatiques qui leur permettent de produire beaucoup (surtout de la viande et du lait) et au moindre coût. Les éleveurs européens ne seront jamais concurrentiels face aux producteurs de bovins d'Argentine qui disposent de milliers d'hectares d'herbage, sans charge foncière. Les producteurs de lait européens ne pourront jamais rivaliser avec les Néo-Zélandais dont les vaches disposent de vastes herbages où l'herbe pousse dru toute l'année. Et les poulets élevés au Brésil dans les élevages intégrés par la société Doux ou autre sont bien moins chers que les nôtres puisque le climat permet des bâtiments légers donc peu coûteux, que la main-d'œuvre est trois fois moins chère que la nôtre, et que le soja pousse sur place !

D'ailleurs, nous avons avec la filière ovine un bel exemple de ce que donnerait une ouverture tous azimuts des frontières de l'Europe. Depuis l'adhésion du Royaume-Uni à la Communauté européenne et l'affaire du *Rainbow Warrior*, les moutons néo-zélandais entrent en Europe sans droits de douane. Résultat : malgré une production européenne qui ne couvre que la moitié de notre demande, les cours sont constamment très bas. Et bien que nous compensions la perte de revenu des producteurs par une prime à la brebis, cette production si utile pour toutes nos régions de montagne régresse d'année en année.

Bref, nous ne pourrons défendre un modèle européen d'agriculture durable, avec une paysannerie nombreuse et prospère, que si nous défendons la préférence communautaire. Mais, pour gagner cette bataille à l'OMC, il faut abandonner toute forme de subvention aux exportations, sinon nous perdrons cette préférence communautaire – sans pour autant obtenir le droit de subventionner, d'ailleurs. Il faut être aveugle comme un syndicat majoritaire pour ne pas comprendre cela. Le combat de José Bové est le bon : « Non aux subventions aux exportations, oui au droit des peuples à se nourrir eux-mêmes ! » c'est-à-dire le droit à se protéger des importations abusives et à bas prix !

Conclusion

Vouloir la réforme

Les sillons de la colère

Je suis paysan, contribuable et citoyen. J'ai été fier de travailler la terre et de soigner mes bêtes. J'ai été fier aussi d'avoir poussé à la modernisation, présidé une coopérative, milité dans un syndicat agricole, négocié une politique, et bien d'autres choses encore. J'ai pris mes responsabilités mais aujourd'hui, devant l'irresponsabilité qui nous accable, je dis que c'en est assez.

Assez des nitrates au robinet et dans nos aliments !

Assez de l'eutrophisation de nos cours d'eau et des algues vertes dans nos baies !

Assez de nos paysages saccagés, de ces arasements de haies et de talus qui aggravent inondations et tempêtes, et de ces drainages intempestifs !

Assez de tous ces aliments reconstitués !

Assez de la nourriture insipide, des cuisines « centrales » imposées à nos enfants dans les écoles et aux malades dans les hôpitaux !

Assez des poules en cage et des cochons sur lisier !

Assez des odeurs pestilentielles !

Assez des camps de concentration pour animaux !

Assez des apprentis sorciers des organismes génétiquement manipulés (OGM) !

Assez du gaspillage énergétique qui met en péril l'avenir de notre planète. Il faut cinq fois plus d'énergie pour produire un litre de lait avec des vaches gavées au maïs et au soja qu'avec des vaches nourries à la prairie !

Assez de ces transports d'animaux vivants dans tous les sens, en Europe et même dans le monde, pour le profit de quelques-uns. Quel gaspillage ! Et quel danger ! Les maladies se propagent vite ainsi, on le voit avec la fièvre aphteuse ou la peste porcine. Et l'on voit ce qu'il en coûte à la collectivité pour enrayer les épidémies : 12 millions de porcs à l'équarrissage en 1998, 5 millions de bovins à incinérer pour lutter contre la vache folle, et nul ne sait encore combien d'animaux seront brûlés sur place pour enrayer la fièvre aphteuse.

C'est bien évident, le citoyen-contribuable paie. Est-ce cela la performance économique ? Il s'agit au contraire d'un gaspillage énorme. Ce gaspillage prend sa source dans un système marchand poussé à l'extrême par souci de gagner quelque argent sur des transactions. Même nos coopératives agricoles participent à ce jeu.

Les cochons, ovins et bovins doivent être engraissés là où ils naissent. Il n'y a pas de gain réel à séparer le naissage de l'engraissement, bien au contraire. Le système naisseur-engraisseur a été un atout considérable pour le modèle breton de production porcine (si discutable par ailleurs) et explique sûrement qu'il soit passé jusqu'ici à côté de la peste porcine.

Assez du gigantisme, comme ces abattoirs immenses, subventionnés même par l'Europe, qui ont éliminé les abattoirs de proximité ! Au nom des économies d'échelle (plus la production s'accroît, plus elle serait efficace) et de la surveillance sanitaire. Mais a-t-on calculé le coup global ? Encombrements de la circulation, pollution atmosphérique par les gaz d'échappement, pollution de l'eau qui ruisselle des chaussées chargées de métaux lourds...

A-t-on pris en compte le stress des animaux supportant des heures de transport, entassés, coincés et brutalement libérés dans des parcs d'attente où les chevauchements sont inévitables, alors que l'on sait pourtant l'importance de ce stress sur la qualité de la viande ? Il faut revenir à des abattoirs de proximité et en terminer avec cette mode de la concentration dans tous les domaines, présentée comme le summum du progrès.

Nous ne pouvons plus tolérer un tel gâchis. Nous ne pouvons accepter plus longtemps que notre argent, nos impôts servent à conforter le modèle productiviste désormais au banc de la société. Le drame de la vache folle et autres poulets à la dioxine nous ouvre enfin les yeux.

Non à ces milliards dépensés pour soutenir les gros céréaliers, l'élevage industriel, le maïs-fourrage et l'irrigation !

Non à une politique totalement incohérente qui, en définitive, a laminé les paysans, saccagé les paysages, pollué l'eau, l'air, nos baies marines et nos assiettes, pour le seul profit des multinationales et de l'agro-business !

Non à une profession agricole arrogante et totalitaire qui impose depuis trente ans sa politique aux gouvernements de la France. Non à un syndicat agricole qui a organisé la disparition des deux tiers de ceux qu'il était censé défendre !

Non à une cogestion qui tient le ministère de l'Agriculture en otage ! La politique agricole de la France est l'affaire des citoyens, qui sont tous concernés. Il faut sortir le débat agricole du corporatisme paysan. L'Allemagne l'a compris, la France doit faire aussi ce choix.

Les sillons de l'espoir

Nous exigeons donc une politique agricole enfin cohérente, centrée sur l'Europe et non sur le mirage des exportations. Nous exigeons que le budget européen consacré à l'agriculture serve à réorienter la production vers un développement durable : les primes doivent être réservées aux seuls agriculteurs qui s'engagent sur des cahiers des charges rigoureux, qui assurent le respect de l'environnement et qui garantissent des aliments sains et de qualité ; les aides doivent être plafonnées pour chaque exploitation et modulées en fonction de l'emploi.

Nous exigeons la suppression immédiate de la prime au maïs-fourrage, à l'irrigation, à l'élevage intensif de taurillons. L'argent ainsi économisé servira aux dépenses supplémentaires occasionnées par la crise de la vache folle et de la fièvre aphteuse. Il est hors de question d'augmenter encore le budget européen consacré à l'agriculture. Les céréaliers doivent être solidaires des éleveurs et accepter de diminuer leurs propres primes.

Nous exigeons la même prime à la surface pour tous les départements : il est scandaleux que plus la terre est riche plus la prime est élevée.

Nous exigeons une prime à la surface fourragère équivalente à celle des céréales, en remplacement des primes par animal. C'est cette prime unique « à la surface » qui sera conditionnée au respect de cahiers des charges rigoureux.

Nous exigeons une taxe sur le transport des animaux vivants proportionnelle à la distance parcourue.

Nous exigeons la fin des élevages concentrationnaires, l'interdiction des pesticides les plus nocifs, une taxe sur l'azote et les pesticides.

Tout cela est possible et, notamment avec le réseau Agriculture durable, nous avons montré qu'une agriculture autonome et économe était économiquement et socialement durable, respectueuse du consommateur et de l'environnement. Un des premiers combats doit être le maintien de la préférence communautaire. À partir de ce socle, subventions et primes deviendront inutiles : le paysan vivra – et vivra bien – de la vente de ses produits dont les prix seront déterminés par le marché, car l'agriculture autonome ne produit pas d'excédent.

C'est à ces conditions qu'une ère de prospérité s'ouvrira à nouveau pour l'Europe et qu'une cohabitation tranquille s'établira entre paysans et citadins.

Les conditions sont plus favorables que jamais pour cette remise à plat de la PAC et pour aboutir à la réforme que nous souhaitons. Si l'opinion se mobilise pour faire front et repousser les lobbies qui – ne soyons pas naïfs – ne désarmeront pas, une nouvelle politique agricole est possible, résolument orientée vers le soutien aux petites et moyennes exploitations, vers le soutien à des méthodes de production durable.

Mais attention : on ne gagnera pas en aggravant la « sinistrose » et l'inquiétude, on ne gagnera pas seulement en critiquant. Il faut aussi avancer des propositions réalistes, constructives, clairement expliquées à l'opinion. Les prophètes de malheur pour qui les multinationales auront toujours le dernier mot, pour qui la concentration des exploitations est inéluctable ne rendent pas service à la cause du développement durable. Contre cela aussi, il nous faut lutter.

Mais les hommes ont toujours su vaincre les difficultés, et les nôtres sont relativement faciles à résoudre. Nous en avons les moyens : le budget européen consacré à l'agriculture est un budget colossal. Et nous savons comment l'utiliser : nous avons l'expérience des pionniers de l'agriculture durable, de l'agriculture biologique, etc. Nous savons ce qu'il faut faire pour retrouver l'eau pure et une alimentation saine. Il suffit d'en avoir la volonté. Le courage politique de résister à la pression des marchands de tout acabit. Avoir ce courage, voilà le vrai défi !

Oui, il est possible de concilier une agriculture performante, qui fait vivre des paysans nombreux et prospères, avec un environnement préservé et une alimentation saine. Il n'y a pas d'opposition entre l'écologie et l'économie, pollution signifiant gaspillage.

Malbouffe et pollutions, paysages saccagés et campagnes vides ne sont pas une fatalité !

Quelques adresses utiles

Alliance Paysans-Écologistes-Consommateurs : 40, rue de Malte, 75011 Paris.

Coordination nationale contre l'élevage industriel : c/o Mme Roques, Le Verger, 03120 Barais-Busserolles.

CEDAPA : 2, rue du Chalutier-sans-pitié, 22190 Plérin.

Cohérence : 2, rue Clairambault, 56100 Lorient.

Réseau agriculture durable de l'Ouest : 14, bd Vauclair, BP 10339, 35000 Rennes.

Collection « Alternatives économiques »
dirigée par Jean-Pierre Chanteau

L'ambition de cette collection « Alternatives économiques » est de montrer que l'économie n'est pas une « science lugubre » soumise à quelque fatalité « naturelle » que nous devrions subir sans mot dire. Au contraire, sans renoncer à la rigueur scientifique tout en la mettant à la portée de tous, il s'agit s'éclairer les enjeux, individuels et collectifs, sociaux et politiques, des phénomènes économiques, et de permettre ainsi à chacun de se forger son opinion.
« Science sans conscience n'est que ruine de l'âme » (Rabelais).

Déjà parus :

SÉRIE « DÉCHIFFRER »

Le Chômage dans les pays industrialisés, Catherine André, Dominique Sicot
Reconstruire l'action publique, Pierre Bauby
Déchiffrer les inégalités, Alain Bihr, Roland Pfefferkorn *(nouvelle éd. 1999)*
L'Aide publique au développement, Anne-Sophie Boisgallais, François-Xavier Verschave
L'Allemagne réunifiée, Corinne Bouchoux
Où va la protection sociale ? Isabelle Chapellière
La Mondialisation du capital, François Chesnais *(nouvelle éd. 1997)*
La Mondialisation financière, François Chesnais (dir.)
Déchiffrer l'économie, Denis Clerc *(nouvelle éd. 1999)*
Déchiffrer les grands auteurs – tome 1, Les fondateurs, Denis Clerc *(nouvelle éd. 2000)*
Déchiffrer les grands auteurs – tome 2, Les héritiers, Denis Clerc
Inflation et croissance, Denis Clerc
Les Désordres financiers, Denis Clerc
Les Industrialisations du tiers monde, Claude Courlet
Le Royaume désuni, Richard Farnetti
Le GATT démystifié, Jean-Paul Frétillet, Catherine Véglio
Croissance et crise de l'industrie informatique, Christian Genthon
La République des actionnaires, Pierre-Yves Gomez
Les Ventes d'armes, Jean-Paul Hébert
Salaires et emploi, Hoang-Ngoc Liêm
Chine : de la révolution à la réforme, Diana Hochraich
Politique agricole et relations internationales, Jean-Christophe Kroll
La Construction européenne, Philippe Laurette
Déchiffrer la démographie, Michel Louis Lévy *(nouvelle éd. 1998)*
Au-delà de la qualité, Frederik Mispelblom-Beyer *(nouvelle éd. 1999)*
Les Banques face aux pays endettés, Philippe Norel
Crise et tiers monde, Philippe Norel
L'Endettement du tiers monde, Philippe Norel, Eric Saint-Alary
Le Développement local, Bernard Pecqueur *(nouvelle éd. 2000)*
L'Épreuve américaine, Jean Pisani-Ferry

L'Énergie dans l'économie, Louis Puiseux, Pierre Radanne
Réduire le temps de travail, Jacques Rigaudiat *(nouvelle éd. 1996)*
La Corruption, Jean-Louis Rocca
La Distribution, Dominique Sicot, Alexandre Vatimbella
Le Capitalisme vert, Alexandre Vatimbella
Santé et économie, Alexandre Vatimbella
Les Exclus face à l'emploi, Simon Wuhl

SÉRIE « DÉFRICHER »

Les pièges de la finance mondiale, Appel des économistes pour sortir de la pensée unique
La Monnaie unique en débat, Appel des économistes pour sortir de la pensée unique *(nouvelle éd. 1997)*
Pour un nouveau plein emploi, Appel des économistes pour sortir de la pensée unique
Le Bel Avenir du contrat de travail, Appel des économistes pour sortir de la pensée unique
Les Pièges de la finance mondiale, Appel des économistes pour sortir de la pensée unique
La Fin des années chômage – La stratégie de l'« emploi pluriel », Guy Aznar
Vers une économie plurielle, Guy Aznar, Alain Caillé, Jean-Louis Laville, Jacques Robin et Roger Sue
La Lègende de l'entrepreneur, Sophie Boutillier, Dimitri Uzunidis
Condamnés au chômage ? Travail et emploi : faux débats et vraies questions, Denis Clerc
L'Après-fordisme, Robert Boyer, Jean-Pierre Durand *(nouvelle éd. 1998)*
Réduction du temps de travail : que faut-il croire ?, Jean-Pierre Chanteau, Denis Clerc, avec Hugues Bertrand, Pierre Boisard, Alain Lebaube, Jacques Lesourne et Dominique Taddéi *(nouvelle éd. 1999)*
La Crise, Denis Clerc, Alain Lipietz, Joel Satre-Buisson
Tiers monde: la fin des idées reçues, Michel Chauvin
Essai sur le marché, Hervé Defalvard
L'Enjeu alimentaire Nord-Sud, Bertrand Delpeuch
Dictionnaire des idées reçues sur l'agriculture, Bertrand Delpeuch (dir.)
La Fin du modèle suédois ? Jean-Pierre Durand
Vers un nouveau modèle productif, Jean-Pierre Durand
L'entreprise efficace de Swatch© à McDonald© – La seconde vie du taylorisme, Guillaume Duval *(nouvelle éd. 2000)*
La nouvelle économie sociale, Christophe Fourel, Édith Arnoult-Brill, Jean-Louis Laville, Jean-Christophe Le Duigou, Alain Lipietz, Hugues Sibille
Sortir du piège – La gauche face à la mondialisation, Philippe Frémeaux
Réinventer la croissance – Les chemins de l'emploi en Europe, Michel Gaspard
Le Temps de travail, une histoire conflictuelle, François Guedj, Gérard Vindt
Nouvelle Croissance et emploi, Pierre Héritier
Agriculture : changer de politique, Jean-Christophe Kroll
Réinventer l'impôt, Jean-Christophe Le Duigou
Les Champs du possible – Plaidoyer pour une agriculture durable, André Pochon *(nouvelle éd. 1999)*
La Faim ? Pourquoi ? François de Ravignan
L'Écodéveloppement, Ignacy Sachs *(nouvelle éd. 1998)*
Les Entrepreneurs africains, Olivier Vallée

Composition : D. V. Arts Graphiques, à Chartres
Achevé d'imprimer en mai 2001
par la Société Nouvelle Firmin-Didot
27650 Mesnil-sur-l'Estrée
Dépôt légal : mai 2001
N° d'impression : 55690

Imprimé en France